EXORCISMOS DE ESTI(L)O

G. CABRERA INFANTE

EXORCISMOS
DE ESTI(L)O

BIBLIOTECA BREVE
EDITORIAL SEIX BARRAL, S. A.
BARCELONA

Cubierta: Joan Batallé

Primera edición: marzo de 1976

© 1976: Guillermo Cabrera Infante

Derechos exclusivos de edición
reservados para todos los países de habla española:
© 1976: Editorial Seix Barral, S. A.
Provenza, 219 - Barcelona

ISBN: 84 322 0289 4
Depósito legal: B. 13.230 - 1976

Printed in Spain

PARA CAROLITA C. C.

DÉDICACE

a las comas, alegres, diversas, múltiples, minu-
ciosas, salvadoras pero modestas, a todas las
comas como comas bajas y altas, al coma y, sobre
todo, a las comas recién venidas al mundo, que
aquí bautizo como comas suspensivas , , , , , , ,
, , , , , , , , , , , , , , , , , ,
, , , , , , , , , , , , , , , , , ,
, , , , , , , , , , , , , , , , , ,
, , , , , , , , , , , , , , , , , ,
, , , , , , , , , , , , , , , , , ,

En lugar de matar a todos los Caribes, haría falta quizá seducirlos con espectáculos, funámbulos... y música.

VOLTAIRE

PALABRAS LIMINARES

¿Cómo una palabra se vuelve liminar, así como así, de la noche al día? Tiene que haber un método, una técnica tal vez que permita a todas las palabras, sin excepción de ninguna clase, ni de raza ni religión o sexo (que tanto se parecen), tiene que haber un camino para que una palabra se haga liminar. Tal vez un retiro, campestre o religioso, tal vez una fórmula mágica o siquiera química que permita a todas las palabras llegar a la liminaridad sin problemas ni pretextos. Será necesario hacer un movimiento de masas para permitir el acceso a la región liminar. O tal vez encontrar la clave, la llave, la pata de cabra para forzar la puerta liminar. Sería de desear no tener que llegar a la violencia, pero o todas las palabras son, si ellas quieren, liminares, o ninguna palabra es liminar. Esto lo decimos sin ánimo de herir susceptibilidades ni incomodar intereses ajenos: nosotros, los del Movimiento Pro Palabras Liminares, debemos tratar de lograr por todos los medios nuestros objetivos. ¡Ni una palabra que deje de ser liminar! ¡Todas las palabras como una sola en la lucha por el poder liminar! ¡Palabra o muerte! ¡Liminaremos!

LAS VIEJAS PÁGINAS

LAS PÁGINAS VIEJAS son como las fotografías de
hace tiempo. Si son propias, al verlas de nuevo se sien-
te una curiosa extrañeza. De alguna manera ahí está
uno, pero uno no es uno exactamente.

L
i
t
e
r
a
t
u
r
a
empieza con

Literatura es todo lo que se lea

como tal

LA ALITERATURA

LITERATURA es *littérature* en francés, y *litter* es basura, desperdicio en inglés, mientras *rature,* de nuevo en francés, es tachadura, y *lit* es lecho, esa cama donde me acuesto a hacer literatura: solamente en español la literatura no significa otra cosa.

TEXTOS CONTEXTOS

AUTORRETRACTO

Punto punto un punto dos puntos tres puntos que entonces se llaman puntos suspensivos punto Puntos de Braille coma puntos de grabado de punto coma punto teológico coma punto gramatical dos puntos Ortogrf subrayado tachadura punto signo ortográfico llave de guión paréntesis punto llave otra vez con que se indica el fin del sentido gramatical y lógico de un período o de una sola oración punto pónese después de toda abreviatura no me digas signo de admiración que equivale a punto punto accidental coma punto cardinal coma punto de cadeneta coma punto filipino punto También están los puntos dos puntos ecuánime coma radiante visual coma insertar la coma coma visual y punto de fuga coma contrapunto punto y punto final punto Mas Oddjob que James Bond qué remedio punto de inguiónterrogación cómo es posible integrar una imagen a base de puntos cierra punto de interrogación otro párrafo

Hablar de Narciso tachadura paréntesis pero coma punto de interrogación no hablaguiorán todos cierra interrogación cierra paréntesis y del arroyo como el primer espejo que al inquietar a Narciso se convierte en la primera cámara no lúcida ni oscura sino inestable punto abre interrogación Es posible hablar de imagen de espejo sin hablar de arroyo sin hablar de Narciso cierra también bien bien hablar blar blar dededé Eco Eco Eco punto Qué sabiduría la de los griegos antiguos al relacionar la imagen en el agua barra inclinada guión espejo barra inclinada con la imagen sonora del eco y juntar a Narciso y a Eco como amantes condenados a ser reflejos coma como quien dice audio y video punto de admiración pretensión de decir lo que nadie dijo o de evitar decir lo que todos han dicho o coma en este caso tachadura dirán todos pleca es una visión narci- guioncista coma pero es al menos una pretensión menos vana paréntesis interrogación lo es cierra paréntesis des- pués de cerrar la interrogación no es esta misma escri- tura coma las líneas coma Esta línea coma esta palabra que usted está leyendo al mismo tiempo que yo por- que las escribo mientras las leo o las leo mientras las escribe mi máquina e mayúscula lectra cientodiez guión smith corona otra vanidad cierra interrogación no abier- ta Quizá se trate de otro facilismo derivado del perio- dismo y con rima impensada punto y seguido En todo caso se salva así la descripción de dos puntos cara re- donda de pómulos altos coma boca ancha y grande bajo bigotes zapatistas coma nariz de puntaguionenguionbola coma dos ojos largos pero estrechos detrás de gafitas de abuelita otra rima admiración puestas de moda de nuevo por los Beatles pronúnciese beatlos coma frente alta y ancha sobre cejas finamente arqueadas que nadie nota excepto Miriam Gómez ese Yin de mi Yang coma y finalmente o initialmente tal vez para los ángeles o los aviadores pelo lacio largo y negro otrora que ya comienza a hacerse escaso a la izquierda de la vida y derecha del espejo y gris por todas partes ayudado por el tiempo y una que otra cana regalo de Offenbach el dios no el odioso punto y coma para no hablar de es- tatura baja coma aspecto trabado y otras señas particu-

lares no se aprecian punto Mas Charlie Chan que Fu
Manchú punto y seguido aunque con sumo respeto por
la Dama del Dragón que la correctora francesa de Gal-
limard quería convertir como ignorante de las leyes
de la metampsifísica coma en un personaje de Tin Tin
coma mucho más conocido en Francia que Terry y los
piratas punto Pero tal vez sin decir lo que no quiero
admitir es la necesidad de fijar la imagen paréntesis más
Quevedo que Cervantes a pesar suyo paréntesis es la
dificultad de completar con palabras una imagen que
debía estar compuesta por puntos coma cientos de puntos de grabado de punto *Punto*

SUEÑO Y VERDAD DEL DOCTOR DUCASSE

«ANOCHE soñé que al entrar al quirófano veía, sorprendido, sobre la mesa de operaciones, una máquina de coser y un paraguas. Esta mañana entré en la sala de operaciones y sobre la mesa estaban, efectivamente, el paraguas y la máquina de coser del sueño. No me asombré esta vez, porque supe que la máquina de coser era de la enfermera jefe, que la dejó allí un momento, de pasada entre el cuarto de vestir y los talleres (que se ocupan de repasar nuestras batas, botas de tela, gorros, y de remendar los fondillos), quien además me pidió permiso para hacerlo el día anterior por la tarde. El paraguas pertenecía a Andrés Bretón de los Herreros, anestesista de profesión y hombre distraído hasta el absurdo y el asesinato. Además, la sorpresa la había agotado ya el sueño.»

Anotado en:
Montevideo, el 15 de julio de 1879

Rx
Dr. I. Ducasse
médico-cirujano

Avenida del General Mitre # 5

CANCRINE

(ENSAYO EN ALITERACIÓN, ANACRONISMO, ANANIMIA, ANANACLASIS Y BRAQUIOLOGÍA)

Argumento

Adán, preceptor peripatético, camina por la playa con un discípulo neófito, un cangrejo recién bautizado—animal quisquilloso si los hay. (Los hay.) De pronto, Adán ve a Eva, que es ahora una poetisa hermética, sensual y erótica—y segura de su talento incomprendido tanto como de su belleza única—, paseando petulante por pura perversidad. El cangrejo, que ha notado la propensión que tiene Adán a entusiasmarse con la sola visión de la depravada rimadora, no las tiene todas consigo y, nervioso, deja de responder a la repetida pregunta gramatical de Adán.

La escena tiene lugar en las costas de Bolivia.

ADÁN (*harto de tener que dar lecciones a un cangrejo*):

    — ¡Ah! Animal acorazado, adivina la oración, so ladeado. Nada, sé otro.

(*Súbitamente extático*):

    — ¡Ave Eva! ¡Ah!

CANGREJO (*agorero y quisquilloso*):

    — ¡Ojo!

ADÁN (*al* CANGREJO, *despectivo, luego a* EVA, *solícito*):   —¡Ha! ¡Ave Eva!

EVA (*haciendo que ve a* ADÁN *por primera vez, luego familiarmente didáctica —y por tanto, peligrosa— comienza a declamar al sol su último poema, mientras le sonríe al pobre* ADÁN *como un tabú propicio*):

—Orto, es Adán:
O Daedalos, no Icaro,
Ala ni Vida,
Oda, Zar o
Calamina.

EVA (*triunfal*):   —¡Ha!

LEVANTARSE PARA CAER ENSEGUIDA

HAY días que uno se levanta cayendo coño y la vieja broma que pregunta sin esperar la respuesta si no habrá otra manera de comenzar el día que levantándose puede uno (y otro) mejorarla (o empeorarla) preguntando si no hay otra manera de levantarse que cayendo, sin respuesta.

Esos días de caída de pura merma de mierda de cacaída en que uno está lufurioso sin saber por cómo, en que todos y cada nadie molestan y todo y la nada deprimen, exprimen: días de Tarzán contra el mundo o contra todas las banderas: esos días de iral carajo seguir durmiendo sería el único antídoto. O antitodo.

Pero como hay que levantarse a vivir, as the show must go on, la única alternativa es buscar el sueño por otros medios en el suicidio. Tomar ese revólver (imaginado) y levantarse limpiamente (es un decir, claro) la tapa de los sexos. O dejarse hecho tortilla cayendo de lo más alto de la torre de marfil, de perfil. O colgarse espasmódicamente de un árbol, como un fruto carnoso pero con demasiadas semillas.

Lo único que impide o más bien pospone esa decisión terminal es el desparramo, el reguero, y saber que no hay manera de matarse que no sea, *en un final,* un embarro—o lo que es peor, un engorro.

Así, imitando al simiesco Toulouse-Lautrec del cine o aping Chesterton repetir: «No pienso colgarme hoy», y en vez de suicidarse, sentarse a la máquina de bordar bellas letras y ver lo poco que duran las cacamoscas mecánicas al levantarse súbitas y pretenciosas creyéndose preciosas para caer enseguida en su estado de coma , , ,

, , , , , , , , , , , , , , , , , , ,, , , , , , , , , , , , , , , ,

EJERCICIO

¿POR QUÉ se ha subrayado la frase «en un final» en
el escrito anterior? Marque la respuesta que le parezca
adecuada con una cruz.

(*a*) Para dar significación dramática a dicha frase □
(*b*) Para hacer una digresión que parezca metafísica □
(*c*) Porque es un dicho de pueblo cubano □

DISQUISICIÓN

TODA ESA PERORATA pesimista dejada detrás como la noche no es más que una disquisición pasajera sobre mi silla turca, a la que pone punto final un insecto. Entra una avispa por la ventana a desflorar sinuosa el ramo de peonías sensualmente promiscuas, promisorias en un búcaro que hay sobre mi mesa de trabajo.

Conociendo lo aviesas que son las avispas (siempre insisten en picar más de una vez y, al revés de las abejas, no son nada suicidas) y habiendo leído hace poco que en Francia las consideran más letales que a una víbora, salgo corriendo cauto del cuarto y de mi manía homicida para buscar refugio en otra parte de la casa.

Luego, más osado o menos imaginativo, regreso armado de un puro de marca encendido con que atacar a la aviespa a la avíspora a golpes de humo y nicotiana tabacum.

Pero pienso: hay días en que hasta el vegetativo placer de fumar tiende a convertirse en un acto de agresión defensiva.

Consideraciones adicionales

1. De acuerdo con las consideraciones exprimidas en la disquisición primera, comente el uso aquí de elipsis, silepsis y eclipses de sol.
2. Explique los casos de asíndeton y polisíndeton que se haya encontrado en la vida.
3. Dé un ejemplo de un símil derivado de una descripción hiperbórea.
4. ¿Cree usted que es hipérbaton lo de que las avispas son más venenosas que las víboras?
5. Responda por qué sin poner porque.

Reelaboración de la tarea

1. Las figuras sintácticas no deben de ser sintéticas ni sin tacto. Esté al tanto.
2. Para lograr un efecto humorístico, se tuvo que exagerar. ¿Se lo hizo demasiado, demasiado poco o demasiado mucho?
3. La prosa de esta selección provee un desdichado dechado de desechos y deshechos estilísticos. Creo que bien indica que el arte de matar avispas está por crear, ¿cree usted que esto es artificial, artificioso o el arte por el arte de matar por gusto?

Ejercicio de destino

Según los detalles sobre el estilo de acabar con uno mismo o con una amenaza interior/exterior, ¿puede usted calcular o teorizar sobre las posibles direcciones que tomaría en el futuro la avispa afecta de tabaquina?

¡¡MIRE BIEN A LA DERECHA ANTES DE CRUZAR!!

Dirección General de Tránsito

LAERTES ESCUCHA EN SILENCIO LOS CONSEJOS DE SU PADRE, SENTENCIOSO—O SI BRILLAT-SAVARIN, Y NO SHAKESPEARE, HUBIERA ESCRITO *HAMLET*

POLONIO. — ¡Todavía aquí, Laertes! ¡A la mesa, a la mesa! ¡Qué descortesía! El viento sopla ya sobre la sopa de tu ave, y sólo aguardan tu llegada al convivio. Acércate. ¡Que mi apetito sea contigo! Y procura imprimir en la memoria estos pocos preceptos prandiales. (POLONIO *suspira o tal vez eructa.*) Como aperitivo: jerez seco, seco madeira o champán; en los hors d'œuvres: jerez o vino blanco seco; con las ostras siempre has de pedir borgoña blanco o mosela; para las sopas no olvides que vienen muy bien el jerez seco y el madeira, aunque no debes repetirlos si los has tomado como aperitivo: en ese entonces debías insistir, si no cenas con los Montresor, en cuyo caso sería peligrosa semejante insistencia, en un amontillado, o un clarete, o tal vez un macharnudo, que es menos riesgoso, pero cuidando siempre que sea seco; para el pescado y las aves, borgoña blanco, champán, alsacia o mosela, algún blanco español, bien frío, y seco no vendría mal tampoco; para la caza y las carnes rojas: clarete, tinto español, borgoña rojo, burdeos rojo y un Rhone rojo, de diez años y de cosecha impar; con los dulces (si puedes, evita los dulces: engordan y hacen mal a las buenas dentaduras, como la tuya, joven y fuerte), con los dulces, repito (aunque es de mala mesa repetir los dulces y es mala educación repetir lo comido, cualquier comida, en la mesa, a menos que cenes con Faruk o con Feisal), un sauternes, barsac o champán (sin que tengas que preocuparte por la fecha: como a las mujeres, al champán nunca se le pregunta el año; si lo haces, es que eres rudo o mal conocedor de vinos y mujeres); para el queso, que es el postre de nuestra nobleza, oporto cocinado a fuego lento o jerez dulce o borgoña; para otros postres, como frutas, si las tomas, usa el oporto, un jerez rico o un madeira nunca seco; para el café, que jamás has de beber en cenas de medianoche: has de saber que desvela (a menos que estés luego de guardia, como ahora estará Bernardo o tal vez Marcelo, el compañero de su guardia), para el café, pues, vienen bien el coñac o, si a la inglesa, el brandy, también un armañac caliente o bien licores; recuerda en toda ocasión que los rosés, que no has de confundir con los claretes, son vinos situados, como políticos uruguayos oportunistas, entre los rojos y los blancos, y pueden tomarse en comidas informales. El champán viene bien con todas las comidas y puede beberse a través de la cena y del almuerzo; no olvides tampoco que con ensaladas muy, muy aderezadas (cuídate de España y del sur de Francia y de Italia, tanto al norte como al sur), es preferible que ahorres tu dinero y no lo emplees en vinos de fina calidad o caros a la bolsa, porque sería tirar tus sueldos o tu sueldo, si para entonces has aprendido a ganarte la vida, ya que la fuerte sazón o gusto barroco de tales platos acabarían por sofocar los nobles atributos del caldo. Si te doy estos consejos, hijo mío, es porque este desgraciado doble reino en el que sirvo (y me refiero tanto a la Dinamarca del rey Claudio como a la Inglaterra de ese bastardo bardo que ha hecho de mi figura y mi dicción epítomes físicos del viejo molesto, cortesano, conceptuoso, vano y fastidioso), de estas dos cortes, buen Laertes, las costumbres del comer son reputadas de bárbaras allá en ese continente aislado de nosotros por la lengua y por la niebla tanto como por la mesa. ¡Adiós! Que mi bendición haga dar frutos opimos en ti de todo esto.

LAERTES. — Apabullado me despido, señor.

POLONIO. — El apetito insta. Márchate. Tus invitados te esperan.

LAERTES. — ¡Adiós! (*Sale. O más bien: entra.*)

LOS «IDUS DE MARZO» SEGÚN PLUTARCO...
Y SEGÚN SHAKESPEARE, Y SEGÚN
MANKIEWICZ, Y SEGÚN EL LIMPIABOTAS
CHICHO CHAROL

bueno sosio la cosa e quéte tipo Sésal no quié sel rey
pero sí quiere o no quié pero sí quiere la corona que
no e pa tanto poque no ejuna corona deoro ni de plata
ni con joya ni ná ni ná sino queé de yelba así como
de gajo emata y no sé polqué tanta bobá—que si se la
pone que si se la quita quetán neneso como un siglo.
Pero bueno la cosa e quéte otro tipo Casio quetá echán-
dole un ojo malo o Sésal le está echando un ojo bobo
a la coronita quél también la quiere aunque sea deoje
perióquido y la etá jilando dede arriba así como diun
baccón con colunna tra colunna y se sonríe así de medio
lao y ejentonse que viene ete otro tipo Bruto su sosio
que no e tan bruto pero que luego enún final sí e
batante bruto polque Sésal e como si fuera su padre
como aquel que dice y lo lleva de veldá veldá y va
heredal el reino un día desto. Pero ete Bruto lo que ase
e que se pone a hablal bajito con Casio por lo rincone
y a conpirás y Sésal que e de lo má vivo pero que depué
se pase vivo, lo deja así y le da coddel como si no su-
piera ná pero él que sí sabe polque to el mundo lo
sabe, a no sel que lo reye dante sean como algún marío
que yo conoco que lo sabe tó el mundo pero él no sabe
ná de ná. Bueno, la cosa e que Bruto lo sabe y la mujel
de Sésal lo sopecha y lo sueña y lo saben lo senaore y

lo sabe hattel gato, meno Sésal que sigue echando diccusso y pasiando parriba y pabajo envuetto en una sábana y sigue así tol santo día. Ejentonse cuando viene un tipo con barba con un rollo en la mano queé amigo dun brujo adivino que ya le dijua Sésal lo quiba pasal en lo jido de malso, que paese quejún me malo pa lo loco y la gente ida, y Sésal que nananina, que no entiende y cuando se le asecan lo malo nuase ná polque ante vio un goldo bajando tan campante lecalinata y Sésal tienetta cosa con lo goldo que disél que no hay que deconfiá dello sino de lo flaco, el pobre Sésal que no sabe quel perro goldo muelde má quel flaco polque está goldo y te coge así con la quijá fuelte fuelte y tiacaba. Pero ete Sésal sigue como siná y palante y palante que se mete nel Seano quejuna cueva dia Libabá y su cincuenta ladrone y tá lleno de lambijquione que se tiran poel suelo y se arratran y siarrodillan delante de Sésal y lo jalan po la punta e la sábana pidiéndole puetto y botella y que le dé la nistía a uno pariente y con toesa jilera de pedigüeño Sésal como que no ve que viene lo malo de veldá y con qué intensione—ademá de la navaja que train eccondían la sábana. Bueno, la cosa e que lo acribilla napuñalá polque nese tiempo no se había inventao todavía lo tiro ni el revóvve, y lo cosen a cuchillá en su sábana, pero jutico ante de que se muera Sésal queé má duro quel mamo se da vuetta así de mediolao y se quea como de pesfil y entonse que vevení a suijo que noé suijo pero quél le dise suijo y entonse Sésal le habla como eneppañó y suijo que no dise nieta boque mía sino que le da tremendo cotte en la mima bolsel pan y pone la boca, lo labio así finito y loacaba, y Sésal se muere así envuetto en su sábana que paeso

36

selvía también, y luego viene Malo Brando que nuase
de malo sino de bueno pero que se tié quiaselel malo
pa que no lo maten a él también y entonse Malo Brando calga a Sésal y se lo lleva palecalinata y mete un
tremendo mitin disiendo quél no vino a enterral a
Sésal sino a ponel-lo allárriba y abajo oyendol diccusso
hay un burujón de gente quiaora que Sésal se murió
lo quién má quiante y se fomma tremendo bochinche
y deaí palante tó ejuna confusión y unenredo polque
parese que hay guerra pero no se ve ni una sola pelea
y deppué—qué pasa deppué? A, sí, que Bruto se
muere y Casio queé casi má bruto que Bruto se mata
cuando noetaba ni rodiao ni na el mimmo día de su
cumpleaño que parese quejasí como se mataban lojan-
tiguo, pa moril cuando nasiero, y hay otro diccussito
má y siacabó lo que se daba y colorín colorao y a otra
cosa mariposa. Qué Chévere, le doy tintarrápida o
betún?

EN LA CINEMANTECA DE CUBA

Había noches cinemáticas inenarrables, como aquella durante la proyección de *Fiebre* (o tal vez fuera *La inundación*), en que la película se interrumpía a cada momento y la pantalla (y toda la sala) quedaba en un negro que convertía ver cine en un momento embarazoso. Ocurrió tanto que Germán Puig, presidente, se vio obligado a explicar por qué se detenía tanto la película—en realidad afectada de vejez progresiva en sus bordes. Así en la próxima parada se oyó de pronto a una voz cavernosa decir: «Las interrupciones son debidas a las perforaciones», y no decir más, dejando la explicación en una frase memorable o *famous last words*.

En otra ocasión, en otro lugar, Jaime Soriano traducía los letreritos en inglés, esta vez en programa doble. En el intermedio, las luces encendidas, se le oyó decir la frase solitaria: «Y ahora unos minutos mientras preparamos la caída de la casa Usher».

Esa querida cinemanteca no cinemateca proveía en cada sesión una sorpresa imperecedera.

SORAISMUS

Je Thames
La Seine está servida
Allmendares
Amazonas del cuerpo: Fé Teeschiste
Las reglas del Rin
Ganges Khan y sus hondas
Yang tse quien
Duvin Mecong rouge
Rhone, river, Rhone
Miss Issippi—Miss Ouri
Me río de la plata y orinoco
Ni lo azul ni lo blanco: Nilo sé co
Pot-au-mac
Col-au-radeau de la Mouse
Part away Para nada

JUICIOS PUEDEN SERVIR
DE PREJUICIOS IGUALMENTE

DICEN que en las grandes ciudades el aire de la mañana es más puro que el de la tarde sin embargo la novena sinfonía de Beethoven es la más grandiosa de todas sus sinfonías aunque Napoleón Bonaparte tiene algunos rasgos comunes con Alejandro el Grande eres graciosa y bella y pura como una flor ya que la vida es más estimable que la muerte pero la vida pecaminosa es peor que la muerte mientras que el color de las hojas de la encina es más claro que el de las hojas del castaño porque la generosidad nos hace más felices que la avaricia cuando la avaricia nos hace menos felices que la generosidad mas sin embargo una muerte rápida es preferible a una larga enfermedad siempre que la gota horada la piedra y de nuevo Sócrates fue condenado a muerte por los atenienses basta.

LA HABANERA TÚ

(ESTICOMEDIA CUBANA
EN DOS ACTOS—UNO, PÚBLICO)

—Miamiga! (Késalassión.)
—Eee miemana! (Mecogió.)
—Dichoso losojo. (Tanpesá.)
—Lomimodigo. (Parejera.)
—Tesevé mubién. (Fo kepette.)
—Sindedorás lopresente. (Entí sinsuebba.)
—Grasia mielma. (Casnecaio.)
—Atí, miami. (Arranca.)
—Ikeiké? (Ejunplomo.)
—Akíakí. (Tánchimmosa.)
—Késecuenta debueno? (Arribitta.)
—Pocacosa. (Refittolera.)
—Vamottú, kesetevé mubién. (Palofóforo.)
—Favó ketúmease etaniña. (Paiápaiá.)
—Uukemodetta! (Currutaca.)
—Tútambién tabién. (Pa lotigre.)
—Naa, kevá. (Gentefú.)
—Kesí kesí. (Chumma.)
—Buéo sitúlodise... (Metráia.)
—Ielmarío? (Pakésufra.)
—Aí aí, nifú nifá. (Frékka.)
—Ilonniño? (Pejiguera.)
—Aí lomimmo esiempre. (Casasola.)
—Váia tú. (Malamadre.)

—Itú, cuándotecasa? (Pakeaprenda.)

—Esová palasgo. (Solariega.)

—Miapaeso. (Sekedó.)

—Iké tetrai poracá? (Callejera.)

—Yo? Depaso. (Cuántabobá.)

—Aa vamo. (Mitteriosa.)

—Itú? (Metía.)

—Enlomimmo essiempre. (Intriguera.)

—Vaia. (Currutuca.)

—Bueno, tedejo tú. (Poffínsola.)

—Ketevaiabién. (Ketecoja untrén.)

—Attotrorrato. (Iebátela bientoeaua.)

—Taluego. (Solavaya.)

Tarea

Traduzca el anterior diálogo al español.
Ejemplo:
Las dos primeras líneas pueden leerse de esta manera:

—*¡Mi amiga! (¡Qué desgracia!)*
—*¡Hola, mi hermana! (¡Atrapada!)*

Cuestionario

El autor llama a su diálogo *esticomedia,* palabra mechada de esticomitia y comedia. ¿Por qué?

Se implica además que hay un acto privado en el diálogo. Defínalo en dos palabras.

El título alude a:
   (a) La mujer corriente de La Habana.
   (b) Una melodía popular en ritmo de habanera llamada «Tú», de Sánchez de Fuentes.
   (c) El tuteo como forma de intercambio social.
(Subraye la respuesta que crea adecuada.)

VI(U)DA DE SÓCRATES
L(W)IFE OF SOCRATES

SÓCRATES (también llamado *Socrates* o Ese Sujeto
—*Ecce Homo*: homo equivale aquí a sujeto o amarrado, también a sujeto por clavos—por sus enemigos) fue un hombre pre misa menor. Pero como el
Comandante Premise (*Major* Premise) decretó que todos los hombres eran mortales, hizo beber a Sócrates
la cicuta por decreto, para probar así su autoridad,
aunque él mismo nunca probó la cicuta. Sócrates, al
beberla, murió, naturalmente, ya que la cicuta civil
(*Hevil Hemlock*) se convierte en un veneno mortal
(*mortal poison*) cuando los hombres que la beben son
mortales, no así las mujeres.

La conclusión (*conclusion*) fue cómo concluyó la vida
de Sócrates. *Cicuta vita finis ita.*

En cuanto a la viuda de Sócrates, tenemos (*let us
take*) otro pedazo de sazón (*another piece of season-
ing?*) que parece tener la misma forma (*that seems
to have the same form*): «Mientras tanto», Descartes
deduce que Dios existe; y a la pregunta de por qué
ha de ser verdadero todo lo que se conozca de una manera clara y distinta, replica (¡obsérvese el círculo vicioso! *) que es así ¡porque Dios no puede engañarnos!

---

* *Circulus vitiosus: petitio principii* o petición del Príncipe
(cf. Maquiavelo, *ibid.*).

NO SI LOGISMOS

ALGUNOS soldados son cabos.

Todos los sargentos son soldados.

∴ Todos los sargentos son cabos.

Pero si en español las premisas menores, cuando crecen, pueden llegar a ser alcaldes en inglés, en este mismo idioma todas dichas premisas son siempre comandantes (*major premises*). Durante el fascismo o nazismo todas las camisas usaban premisas pardas.

PALINDRAMA

Nada, yo soy Adán.

CONSECUENCIAS DEL AMOR DE NARCISO
POR ECO

Nada malo puede haber hecho el inocente Narciso.

Sí hizo.

¿Qué? ¿Ver si el agua su rostro desfigura?

Es figura...

¡Vamos, si no había en el río ni un dedalito!

...de delito.

¿Cuál fue su castigo por así haberse desahogado?

Se ha ahogado.

Pero, ¿quién ha causado tan trágico embeleco?

El eco.

PÁGINA PARA SER QUEMADA VIVA

50

1. Aplique un fósforo o cerilla/o a este extremo del papel.
2. Cerciórese de que el fósforo o cerilla/o esté encendido.
3. Mire fijamente a la llama consumir la página viva.
4. Haga ojos sordos a los ayes de la letra impresa.
5. Su imaginación le permitirá ver, mientras las verticales romanas arden, las más sugestivas o cu-

riosas figuras: sombras chinescas, nubes-en-forma-de-camello (o camellos-en-forma-de-nube) y quizás arpas o liras.

(Si no logra ver ninguna de estas cosas o símiles, es que su imaginación bloqueada por las llamas
no le permite ver absolutamente nada. En caso de que no pueda controlar el fuego y el libro arda
como una pavesa o novela de Pavese, verá usted entonces lo que el Sultán Saladino, ese ladino,
debió ver al arder la biblioteca de Alejandría, en 33 a.C. O, más modernamente, lo que los nazis
y chinos vieron o ven al contemplar piras de libros. Una svelta svástica vendrá muy bien sobre
el hombro en este caso. En el otro caso, las sombras pueden hacerse efectivamente chinescas. Si el
papel quemado le hace daño a la garganta y detesta el filtro o padece fotofobia o pirosis, imagine
la página envuelta en un fuego fatuo. Esta presciencia fatua no impedirá que un día el papel impreso arda impresionante o que el libro todo sea condenado a la hoguera.)

NOTA: En caso de no quedar satisfecho, se garantiza la devolución del importe total de la página.

NEUMA

nO tiREn PIeDraS ay MujeRES Y niÑOS

TROPOS

Metáfora:

$$2 + 2 = 4$$
(O como dos y dos son cuatro.)

Metonimia:

¡Buenos días!

Sinécdoque:

Tengo el gusto de presentarle a mi esposa.

Símil:

Cuando llegue a la luz roja, tuerza a la derecha, luego *

Figura:

Nadies perfecto.

Alegoría:

Similor.

* Ha de observarse que el tropo de mayor tamaño es el símil. A veces puede llegar hasta el infinito, donde suele encontrarse con las líneas para leerlas.

EL PUN D'ONOR

PUN NO ES ONOMATOPEYA

No SÉ si es o no significativo que no hay palabra para
decir en español lo que se llama en inglés *pun*. *Calembour,* retruécano, paronomasia son las posibles y de-
cepcionantes traducciones. *Calembour* es una palabra
francesa. Retruécano es un cambio o trueque de síla-
bas, mero juego que necesita siempre ese fastidioso
antecedente no es lo mismo. En cuanto a paronomasia
dice el *Diccionario* de la Real Academia:

> PARONOMASIA [...] // 2. Semejanza de distinta clase
> que entre sí tienen otros vocablos; como *adaptar* y *adop-
> tar*; *acera* y *acero*; *Marte* y *mártir* [...] // 4. *Ret.* Figura
> que se comete usando adrede en la cláusula voces de este
> género. Rara vez puede ser oportuna en estilo grave o
> elevado.

Creo que no tengo que subrayar ese insidioso *se
comete* y puedo seguir a destacar la última frase infeliz.
La Academia (entre parientes, creo que solamente en
Cuba ha tenido esta palabra su merecido desde los
días de su exaltada creación platónica: en La Habana
una academia era un lugar de indudable amoralidad
donde se iba a aprender a bailar danzones: los pro-
fesores eran, por supuesto, «mujeres de la vida») olvida ignorante lo que Joyce redescubrió para los que
creen en Cristo. El fundamento de la religión que
informa, infusamente, a la Academia, y que formó lo
que se ha dado en llamar nuestra civilización, descansa

sobre un *pun*: «Tú eres Pedro y sobre esta piedra...», etcétera. Pero probablemente Jesús de Nazareth era ligero cuando convirtió a Simón el Pescador en un Atlas metafísico con su ataque de paronomasia.

En todo caso, el español rechazó de inicio tal posibilidad metafórica, y mientras el francés aceptó a Pedro y a la piedra como naturalmente idénticos en *pierre,* en nuestro idioma no sólo la ortografía (por poco escribo otrografía) sino aun el mero género gramatical es distinto.

DOLORES ZEUGMÁTICOS

SALIÓ por la puerta y de mi vida, llevándose con ella
mi amor y su larga cabellera negra.

PORNOGRAFISMOS

LLAMADO Mallarmé, a pesar de su enorme pene-
tración crítica y su gusto por un buen cená-
culo, para disipar los desórdenes de cacatúas literarias por su poema en el viejo Chi-
cago, donde se le leyó muy mal. Fue su ano-
tador chino, E La-pun, orientalista que Singa-
pur reclama, aunque nació en pleno río Orinoco, quien se encargó de subir solo al Titi-
caca para depositar las cenizas de este es-
teta en un túmulo, mandándole a hacer una paja-
rera de vastas dimensiones, abusando del conocimiento que tenían los indios hijos de putu-
mayos en el arte de trenzar su propia pinga-
chas o crín, no cabellera. La culpa de las dis-
putas la tuvo en parte su madre, que fue quien
puso Stéphane a alguien ya llamado *mal armé*.

SI EL *DICCIONARIO MANUAL E ILUSTRADO
DE LA LENGUA ESPAÑOLA,* DE LA REAL
ACADEMIA, LIMPIARA, FIJARA Y DIERA
ESPLENDOR A LA MUJER TAL COMO DEFINE
AL PERRO, EN LA EDICION DE ESPASA-CALPE
DE MIL NOVECIENTOS CINCUENTA,
EN LA PÁGINA MIL CIENTO SETENTA Y TRES...

MUJER. f. Mamífero omnívoro doméstico, de tamaño, forma y piel muy diversos, según las razas, pero siempre con las mamas más pequeñas que las nalgas, las cuales suele asentar la hembra para orinar. Tiene oído muy fino y es inteligente y muy leal al hombre. //

ADEHERENCIAS

Tirar y anarquía: tiranía
Perverso y divertido: pervertido
Teta con treta: trata
Ruina y risa: Rusia
Pus y Rusia: Prusia
Dictar con ardor: dictador
Gesto y testa: gesta
Cono con caño: coño
Casa y asado: casado
Gasto y costo: gas y casto
Deseo con Flor y lar: desflorar
Fama y forma con meta y Suecia: metamorfosis

CANCIÓN CUBANA

¡Ay, José, así no se puede!
¡Ay, José, así no sé!
¡Ay, José, así no!
¡Ay, José, así!
¡Ay, José!
¡Ay!

POR QUÉ ELLOS VIAJAN A CUBA

Del Herbolario Mágico de Lydia Cabrera:

ACEITUNILLO. *Hufelandia pendula. Sw.*
L. Iggiroro.   C. Ancavo.

Dueño: Orúmila.
Las hojas en cocimientos, para lavar la cabeza. Deja el cabello brillante y sedoso.
Con la raíz se hace un amuleto que se destina a los intelectuales impacientes por adquirir renombre.

METÁFORAS CUBANAS

EL REFRÁN INGLÉS *A friend in need* (estoy a punto de decir a fiend in needle) es falso. Nada más fácil que ser amigo de un hombre en desgracia—de una mujer en desgracia, no sé. Lo que es de veras difícil es ser amigo de un triunfador, de un poderoso, de un hombre en el macho, como dicen en Cuba. (También se dice «estar en la hembra» cuando se está debajo, caído. Lo que muestra el carácter eminentemente sexual de algunas metáforas—y de no pocas sacáforas—cubanas.)

PER-VERSIONES CUBANAS

Siempre me llamó la atención la curiosa degradación que han sufrido en Cuba ciertos términos españoles.

El ejemplo máximo es quizá la palabra *matrona,* que en vez de ser una «madre de familia noble y virtuosa» como quiere un diccionario, es la encargada de un burdel y, en muchos casos, además de celestina es ella misma proxeneta.

Un solar es una casa de vecindad, quintopatio o conventillo: donde la miseria se da la mano, como tantas veces, con la promiscuidad—si es que ambas palabras pueden darse la mano, milagro social que no ocurre más que en esa tierra de prodigios verbales que es la Retórica. Los solares se encuentran por lo regular en La Habana Vieja y muchas veces un solar no es más que un palacio colonial venido a menos: sus habitaciones condales devenidas vulgares cuartos, la mansión degradada a cuartería, la casa solariega apocopada en solar.

Sé que hay una explicación para esta decadencia verbal que conlleva, muchas veces, ruina física. La más a mano, por supuesto, envuelve a una sociedad esclavista hasta hace poco y a su descendencia empobrecida y en fuga geográfica o histórica. Pero no me interesan las explicaciones sociológicas ni histórico-materialistas o pastorales-históricas, sino las literarias, la literatura: la sugerencia que nace de tal degradación, la exaltación que crea esta decadencia. En este caso ninguna palabra destituida puede ser más sugerente que la palabra caballero.

Caballero ha venido a significar poco más que chico, cuate o socio, en su aceptación individual, y a veces denomina a un grupo cívico indiscriminado. En raras ocasiones deleitosas esta decadencia llega a sugerir un nuevo auge de los tiempos gloriosos de la caballería andante. Solamente hay que tomar un ómnibus de la ruta 28—coger esa guagua—para oír al conductor anunciar la inminente llegada de una calle habanera que corta la avenida de San Lázaro, vía usual de esta ruta, y gritar el aviso en típico lenguaje de guagüero: «Espada, caballeros!».

Casi se pueden ver volar las capas al abrirse presurosas por los brazos aguerridos, permitiendo a una mano decidida empuñar el florete o la tizona, y, acero en ristre, acababa apenas de decir esto cuando D'Artagnan le dirigió un puntazo tan furioso, que, de no haber dado un rápido salto hacia atrás es probable que hubiese sido aquélla su última broma.

MINOTAUROMAQUIA

ELEVACIÓN DEL MITO A DIOS

```
Yo    SOY  EL  MINOTAURO
EGO  SVM        MINOTAVRVS
Ego   Svm       Minotavrvs
ego   svm       minotavrs
        svm       minotavrvs
        svm       mvvs
         v          v
         v          vv
         v          vy
         tv         vy
        yv         vh
        YV         VH
        YV         HV
       YVYV
       YHVH
```

DESTRUCCIÓN DE MI MITO

Yo SOY EL MINOTAURO
Yo soy el Minotauro
Yo soy el minotauro
Yo soy el mitonauro
Yo soy el nitomauro
Yo soy el ritomauno
Yo soy el ritomagro
Yo soy el nitomagro
Yo soy el timonagro
Yo soy el onagrotim

No: Yo soy EL MINOTAURO
Yo soy el Minotauro
yo soy el minimotauro
Yo soy el nimiotauro
yo soy el minimínimo
el mnmnmo
el mmmo
el mo
el M
M
m

ERECCIÓN DE MI MITO DE MÍ MISMO

Yo soy el Minotauro
Yo soy el Minotauro
Yo soy el nimotauro
Yo soy el mitonauro
Yo soy el ritomagno
Yo soy el minotauro
Yo soy el Minotauro
Yo soy el Minotauro
Yo soy el Mitonauro
Yo soy el Mitonauno
Yo soy el mitomagno
Yo soy el Mitomagno
Yo soy el minotauro
el Minotauro
el Minotauro
el Minotavro

EGO SVM MINOTAVRVS

MINOTAVRVS REX
AVE MINOTAVRVS IMPERATOR, S.P.Q.M.
MINOTAVROS TYRANNOS

LA NOCHE DEL MINOTAURO

HAY una noche que es para mí todas las noches y la noche.

No sé si me ocurrió o si la imaginé o si está compuesta por el recuerdo de todas las noches idénticas a esa noche o si es una noche que busco en el recuerdo tanto como en la realidad y que debo completar yo en todas sus dimensiones. Sólo sé que es el verano y sopla una cálida brisa memorable: mi noche acaba de comenzar y, aunque no hay crepúsculo todavía, la noche se forma, se está formando, ya llega.

El color predominante, dominante es el amarillo, pero no el amarillo de la naturaleza, sino el amarillo de la noche, donde no puede haber amarillo porque la noche física es la ausencia de luz, de colores, del sol. Es por tanto una noche histórica no natural y el color amarillo que recuerdo, que veo, que me alumbra, es un amarillo eléctrico.

Dije que es el verano y no que es verano porque se trata de *el* verano: no todos los veranos ni el verano de veranos, sino el verano que *es,* no el que fue, el verano que tiende a ser el único verano.

La noche es la noche que dura, no en la memoria ni en la mente, sino en su permanencia, la noche que es una eternidad que me envuelve aunque nunca la encuentro. Muchas veces ha querido reproducirse, permanecer en mí más de un momento, y la he visto formarse desde una noche cualquiera, irisada de amarillo, cálida y tenue. Pero desapareció en el momento en que generaba el recuerdo de ella misma y al recobrarla en su identidad, al reconstruirla desde el recuerdo, se esfumaba a mi alrededor tan súbitamente perdida como la había encontrado.

La busco todas las noches, siempre, y la encuentro cuando menos la espero, y aunque quisiera retenerla hasta que ella y su recuerdo sean una misma noche, sé que es imposible, porque cuando lo consiga esa identidad será la noche eterna, indiferenciada, inseparable de las noches y la nada.

Sin embargo, es a esa noche única que tienden mis noches, todas iguales en su diversidad, en su proyecto de ser noche, en su fallido intento de alcanzar la permanencia y convertirse en una noche absoluta. Todas, noches inútiles, intrusas en la noche, son mis noches.

DÉDALO VISTO DESDE EL MINOTAURO

```
O  D  A  E  D  A  L  O  S  O  L  A  D  E  A  D  O
D  A  E  D  A  L  O  S  S  O  L  A  D  E  A  D
A  E  D  A  L  O  S  S  O  S  S  O  L  A  D  E  A
E  D  A  L  O  S  S  O  L  O  S  S  O  L  A  D  E
D  A  L  O  S  S  O  L  A  L  O  S  S  O  L  A  D
A  L  O  S  S  O  L  A  D  A  L  O  S  S  O  L  A
L  O  S  S  O  L  A  D  AE D  A  L  O  S  S  O  L
O  S  S  O  L  A  D  AE D  AE D  A  L  O  S  S  O
S  S  O  L  A  D  AE D  O  D  AE D  A  L  O  S  S
O  S  S  O  L  A  D  AE D  AE D  A  L  O  S  S  O
L  O  S  S  O  L  A  D  EA D  A  L  O  S  S  O  L
A  L  O  S  S  O  L  A  D  A  L  O  S  S  O  L  A
D  A  L  O  S  S  O  L  A  L  O  S  S  O  L  A  D
E  D  A  L  O  S  S  O  L  O  S  S  O  L  A  D  E
A  E  D  A  L  O  S  S  O  S  S  O  L  A  D  E  A
D  A  E  D  A  L  O  S  S  O  L  A  D  E  A  D
A  E  D  A  L  O  S  O  L  A  D  E  A  D  O
O  D  A  E  D  A  L  O  S  O  L  A  D  E  A  D  O
```

TRAGICOMEDIA EN EL CENTRO
DEL LABERINTO

I

DÁIDALOS, Daedalus, Dédalo se ha ido, llevándose todos sus nombres, sus hombres, sus sombras, y a su hijo, que salvó la última o la primera tapia de un salto.

Iba de lado Dédalo, haciendo eses, a juzgar por su cabeza, que era lo que yo veía. ¿Estaría ebrio o es que siempre caminó así y solamente me doy cuenta ahora?

¡O Daedalos, so ladeado! Grito y no me oye. Nadie me oye. Nadie por tanto me responde. Grito y el eco me devuelve el mismo grito al revés ¡odaedal os, soladeaD O!

Ya debe de ser de noche. Debe haber salido la luna, si hay luna, y de seguro el sol de ayer ya salió y se puso, si es de noche. ¿Es de noche o de día? El techo no me deja ver nada. Ni siquiera puedo ver el piso. Sé que estoy de pie porque no estoy sentado, y como no estoy cayendo debo de estar parado en mis patas, sobre el piso. No veo mis patas, pero las siento y al sentirlas siento el suelo donde terminan o comienzan, según se vea, si es que se puede ver. Pero no veo el suelo. Me alegro de no verlo, ya que al no ver el suelo no veo mis patas, pero sé que el suelo está ahí porque tengo sobre él mis patas y al saberlo sé que tengo patas y eso me basta para no querer ver el suelo y saber al mismo tiempo que tengo patas y no pies. Como sé que tengo patas, sé que las tengo en el suelo. Sé al mismo tiempo que no las tengo en alto porque no estoy acostado, y aunque estuviera acostado tendría que estar bocarriba para estar patas al cielo.

II

Mi cabeza busca el cielo y mis patas hallan la tierra: ni siquiera eso, el suelo. Arriba todo el cielo deparado es el cielorraso. Mi cabeza busca el tiempo y mis patas el espacio, pero no sé dónde estoy ni qué hora es. Sé, sí, que estoy en el centro, pero sé que no soy ese centro aunque se haya hecho centro a mi alrededor. He perdido, como se ve, el tiempo al reducirme el espacio.

Dédalo mintió como un científico al decirme que las divisiones del espacio son como las divisiones del tiempo. Considera, me dijo, como horas las columnas, y los tabiques, minutos. Las paredes son segundos y los mosaicos del piso pueden ser los intersticios entre segundo y segundo, un vaivén del péndulo. Eso dijo. Yo le creí. Luego me confió que todo el edificio, que es circular (fue entonces que me enseñó los planos), podía ser visto como una máquina del espacio, contraparte del reloj, esa máquina del tiempo.

(Cuando, otro día, le pregunté por qué si mi palacio es redondo son las paredes cuadradas, me dijo que mi impresión no era más que una ilusión óptica, que yo veía segmentos de cemento, así dijo, y me parecían cuadrados, pero que si yo pudiera ver una pared completa, que por lo demás no existe, me dijo, ya que debo quebrarlas para alejar los intrusos, me dijo, en ese caso yo podría ver que el edificio es circular o multígono. Me dijo además que yo acababa de plantear el dilema del mulo y su culo, dijo y se rió como un loco. ¡Qué vesánico!)

Luego me halagó, me alabó, me acabó diciéndome que yo era el único en el mundo y tal vez en el universo que podía disponer de dos máquinas dimensionales, una para medir el tiempo y otra para medir el espacio, y hacerlas mi habitación. Dijo que esta construcción concéntrica, esta máquina espacio-tiempo, este doble reloj de las horas y los pasos, era única en el universo y que yo, afortunado, estaba exactamente en su centro, *era* ese centro. El Centro. Bromeando agregó: ¡Eres un minotauro central, el Centrauro!

Yo de idiota me reí, me reí tanto que me corrían las lágrimas, los mocos, las babas, el orine, la sangre, mugiendo de contento. Entre bufidos no pude darme cuenta de que iban echando sobre mí el techo sin ruido. ¡Ese Dédalo! Sabe mucho, demasiado. Lo pagará *y caro* un día. Se lo dije y me dijo: Un día o una noche: yo tengo dónde escoger. Eso dijo. Pero para ti, me dijo, sólo queda ya la noche.

Y era verdad. Era de noche, únicamente noche y todo noche, bajo techo. Cuando me di cuenta dejé de mugir, de reír para rugir, y quise perseguir a Dédalo, que se me escapó entre segundos de espacio—y me perdí un rato por esos pasos.

III

Ahora estoy aquí de nuevo, en mi centro, en el centro

que encontré otra vez al poco espacio, sin poder salir afuera, regresando por entre una madeja de minutos y de horas hasta que se me acabó el lugar sin encontrar el tiempo o la salida. Dédalo me dijo que la construcción, esta excrecencia era para que todos se perdieran, menos yo, que me encontraba. Tenía razón, toda la. No me pude perder porque me encontraba siempre. Así fue como no encontré la salida nunca, pero estuve enseguida en el centro.

Hace tiempo (no sé cómo puedo usar esta palabra en su sentido real o físico, ya que no tengo la menor noción del tiempo) que estoy no rugiendo sino mugiendo, rumiando mi soledad y la pérdida de mi tiempo en tan poco espacio. No me tengo pena porque mi corazón está allá abajo, en el otro, en el toro, mientras que la cabeza con que pienso está dentro de mí, en mí mismo, en Mino.

(Debo agregar, para no hacer trampas dedálicas, que todos estos juegos de palabras concéntricas no son míos, sino de Dédalo, que los hace todo el tiempo. O los hacía. O los hace allá afuera todavía, donde el tiempo se separa del espacio.) Quiero decir, ahora afuera, que me molesta también decir algo entre paréntesis, ya que son como otro corral del espacio que se hace cárcel del tiempo, un laberinto verbal que imita mi habitación-toda-espacio-sin-tiempo: es así como la bautizó Dédalo, que me dijo, Tu palacio, Minotauro, se llamara *labúrinthos* (él tiene mucho acento griego, tan fuerte como su acento de aceite y de ajo), y al construirlo, me dijo, me inspiré en la forma en que ara tu pariente el buey. En principio, me dijo, pensé llamarlo bustrófedon concéntrico, pero luego—

78

IV

No se calló aquí Dédalo sino yo.

Me callé, me callo ahora porque creí, creo, haber oído un ruido aquí afuera, quiero decir allá adentro, entre las horas de espacio. Sí, en efecto, alguien viene ¿Será Dédalo? Dúdolo. No creo que se atreva a visitarme después de lo ocurrido. Alguien llega. No, no es Dédalo: Dédalo no lleva faldas hasta el suelo. Tampoco puede ser Ícaro, aunque a veces él sea un trasvestidista. Pero atravesaría mi aposento evitando los zigzaguanes, saltando por entre los travesaños, travieso, caminando por el borde de los muros haciendo alardes de equilibrio entre el suelo y el cielorraso, como hace siempre.

¿Quién será? Quién es, porque ahí se acerca. Es, efectivamente, una mujer. Es muy joven y muy bella. Se parece mucho a Mami, pero Mami está muerta hace tiempo y confinada en el centro de otro laberinto. ¿No será un fantasma? ¿Una estantigua? ¿Una alucinación acaso?

No, es bien real y yo no sueño, nunca sueño y sólo sé qué es un sueño porque Ícaro me dijo cómo es, cómo son los sueños y qué son, dibujándolos en esa pared donde estrió su nombre en el cemento todavía blando. Ese *memento mori,* como lo llamó él al hacerlo.

Es, sí, una mujer muy bella. Aun a la poca luz del centro se ve linda. Se parece mucho a..., pero... ¡Voto a Zeus! ¡Es mi hermana! ¡Mi hermana Ariadna! ¡Qué bueno, viene a rescatarme! Siempre lo dije, la familia es la familia. Suave tú ahora, la bella Ariadna.

No diré nada, ni siquiera me moveré fingiéndome

dormido en mi noche para no asustarla y se crea que volveré a ser como antes, que cada vez que ella me llamaba Asterión yo le daba tales sustos y espantos, jugando, claro, a embestirla porque yo no podría hacerlo nunca en serio. No soy una bestia.

Pero... ¡qué extraño! Ariadna evita mi mirada, ni siquiera se atreve a mirar para acá. ¿Qué es eso que trae en la mano? ¿Una *bola* luminosa? Sí, ¡es una bola lumínica! Una bola de hilos de seda mágica, un ovillo maravilloso alumbrando amarillo. ¡Cómo se ilumina su bella cara! Pero, un momento, el ovillo casi que se está acabando ya, se acaba, se acabó. Pero— ¡espera! Se va mi hermana, sin mirarme, se está yendo ya. Se va ¡Se fue! ¡Qué extraño! ¿Qué querría? Seguro que es un ardid suyo para permitirme escapar mejor. ¡Eso es! ¡Estoy salvado! Ese ovillo mágico sirve para salir del laberinto. Recuerdo haber oído a Dédalo discutir con su hijo Ícaro, a quien siempre llamaba caro Ícaro, la mejor manera de llegar hasta mí en caso de que yo estuviera enfermo, para traer al médico-veterinario que me atiende, o cuando no funcionaran las trampas con mi alimento, que es siempre

ensalada
sopa vegetal
agua
buena avena
pasto a pasto
yerba verde...

Pero, un instante. Es mejor que me olvide de la comida y me concentre que siempre me pierdo en razonamientos laberínticos.

¿Qué debo hacer ahora? ¿Esperar? ¿O seguir el hilo

conductor hasta la salida? Espero, desespero. Si salgo es algo. Pero una vez afuera, ¿cómo enfrentar ese laberinto abierto yo solo? Dejaré que decida por mí el azar. Pares o nones. (Al revés de Dédalo, nunca he planeado nada y es muy tarde ya para aprender.)

Ah, pasos de nuevo. Pero ¡qué extraño! ¡Ahora son más fuertes, masculinos. Es un hombre el que viene. ¿Será Minos?

V

Ya lo veo. No es Minos, tampoco Osmín. ¿Oracio o Ícaro? No, no lo conozco. Viene sujetando el hilo de mi hermana Ariadna entre los dedos pulgar, índice y del medio, en su mano derecha, y en la izquierda—en la izquierda trae ¡una *espada*! ¡Una espada! ¿Para qué una espada? Yo no estoy amarrado. No puede, pues, soltarme. Tampoco la va a usar para cortar el hilo, que es flojo y fino. Además, se ha acabado ahí en su mano, sosteniéndolo en su mano derecha se acaba de acabar. Parece como si fuera, je je, a ensartar su espada con el hilo, convirtiendo, invirtiendo su función, una espada en aguja. ¿Querrá acabar con el laberinto a mandobles? ¡Imposible! Este edificio no es un nudo sino una trama. Entonces... ¿a qué una espada?

Lo sabré en un instante. Ya se acerca. No me atrevo a preguntarle a qué viene, pues no nos han presentado. ¡Ah!, pero ahora veo, cuando veo su cara, sus ojos, su mirada—sí, *asesina*—, veo que viene aquí a matarme: ya he visto esos ojos antes. No en esta misma cara sino en la de mi padre, el rey Minos, poco antes de que muriera tan de repente Mami. Mi huésped, como un microbio, me visita para matarme.

Aquí llega. No hay duda de que viene a convertir mi aposento en un matadero, a convertirme en bife, a transformar mi toro en ternera. Tampoco tengo dudas ahora de que viene enviado por mi hermana, ya que su ausencia es, como un silencio, culpable.

Mi hermana, la que no quiso mirarme por última vez. ¿Por qué querrá mi hermanita, la única mujer, además de la difunta autora de mis días (y mis noches), que he adorado, por qué querrá ella matarme? ¡Ah, qué boñiga de vida! ¡Qué duro es el oficio de minotauro! Unos quieren encerrarme, otros quieren olvidarme y hasta hay algunos que quieren asegurarse de que podrán olvidarme en la muerte. ¿Y qué harán con el recuerdo? En tanto yo, ¿qué debo hacer?

Nada. Eso es, ¡nada! Es mejor ser víctima que verdugo: siempre se pesa más en la conciencia ajena. Y si no vivo yo, vivirá en él mi culpa. Me volveré todo una bestia bovina prestándome al sacrificio. Después de todo, tal vez mi hermana no quiera otra cosa que hacer posible una reunión con mi madre más allá del cielorraso. Es probable. Si no, da lo mismo. Después de nada, ¿qué es la vida sin tener tiempo ni espacio?

VI

Ya el amigo de mi hermana está al alcance de la mano del hermano de su amiga. Y casi me río boyalmente al saber que pienso esta frase torcida que no me pertenece como si fuera una cita citable, *my famous last words*: un leve laberinto lábil. Se ve enseguida que la he calcado de Dédalo, que ha conformado mi pensamiento al confinar mi vida en vericuetos. Además ese dédalo es muchas veces metafórico, porque yo no tengo mano sino pezuña. Es decir, un dividido dedo ungulado, según Dédalo. Por otra parte, soy yo quien está al alcance de la mano real de mi enemigo fortuito que no sabe que actúa como mi más íntimo amigo al tomarme ahora por el poco pelo de mi nuca y sujetar firme mi cabeza antes de dar el golpe, último, ultimándome.

Qué ironía de la vida (y de la muerte o de la suerte) que alguien que no conozco, a quien nunca hice un solo favor o beneficio, pueda hacer la obra pía de alejarme de mi gemelo impuesto, de separar para siempre mi cabeza pensante de Mino del odioso cuerpo bestial del otro, el toro.

Ya veo volar la espada y me regocijo pensando que acabaremos—mi hermana y su amigo y el odio y el amor y ese acero ignorante y mi aquiescencia sabia—con este vínculo ajeno que desde el primer día me segregó de parientes y conocidos, de su amor, robándome el cariño de los míos, los Minos, y me regaló el odio—evidentemente mortal—de mi padre, de mi hermana, de Dédalo, de sus artesanos y de mi último amigo, ese desconocido de la espada que ya llega. Lo espero como T. a M.

VII

Pero ¡un momento, muerte! , que no has terminado con mi agradecimiento.

Gracias a todos los parroquianos que costearon mi

83

prisión perpetua al pagar por verme exhibido en la feria antes de internarme, gracias a los viandantes que arriesgaron el castigo real por intentar conocer mi imagen sin pagar, gracias a los niños, numerosos, indistintos, que dieron muestras de curiosidad infantil infatigable al tocar al otro con palos y punzas y al competir unos con otros a ver quién acertaba mejor su flanco con piedras y con hondas y un salivazo suave: unos y todos torturaron mi culpable cuerpo como yo mismo no habría sabido, ni podido, hacerlo.

Finalmente...

¡Adiós, Dédalo, y gracias por el monumento!

VOCALBURLARIO

PERI PHALOS

POLLA, picha, pija, pico, pinga, morronga, cabilla, cabia o cavia, caoba, majagua, mazorca, moco, pájaro, levana o lebana, linga, carajo, tranca, trozo, mecha, trabuco, perinola o pirinola, mandarria, pene, palo, mástil, verga, vergajo, vianda, la cabezona, la calva, cuero, látigo, rabo, chorizo, morcilla, tabaco, la sinhueso, arma, espada, pluma («mojar la pluma»)—y casi siempre, cosa curiosa, el nombre está en femenino.

ONDA

«-e -i-i-o e- e- -o-----uo y -i onda e- -a -e -a-i-d.»

BIBLIOGRAFISMOS

El Arcipreste de Hitaca
Lope de Verga
Machado about nothing

•

EROTESIS

¿Es que méamas porque me amás?

ERRATUM

El estupor del estupro

LEÍDO EN UNA PÁGINA DE UN DICCIONARIO
DE SINÓNIMOS Y ANTÓNIMOS

SUCIEDAD
Impureza
Inmundicia
Gorrinería
Guarrería
Cochinería
Guarrada
Cochinada
Ascosidad
Asquerosidad
Bardoma
Bascosidad
Polución
Infección
Contaminación
Mancha
Grasa
Pringue
Roña
Bazofia
Sicote

Cochambre
Cochambrera
Cochambrería
Moho
Labe
Labeo
Jostra
Excremento
Saliva
Mucosidad
Mierda
Bocera
Bosquera
Bafea
Marea
Basura
Lodo
Polvo
Saín
Suarda
Enjuagadura

Limpieza
Pureza

DEFINICIONES

SEMIOLOGÍA. f. *Semiótica.*

SEMIÓTICA. f. Parte de la medicina, que trata de los signos de las enfermedades desde el punto de vista del diagnóstico y del pronóstico.

DE-FINICIONES

AND/OR se traduce al español por y/o. Es decir, yo.
Yo se divide en y/o para enseñarnos que el yo está
hecho de una conjunción copulativa y de una disyun-
tiva, mostrando nuestro origen de una cópula y nuestro
destino disyuntivo.

Y/o es mucho más que *and/or,* mucho más que yo.

GENII LOCI

SAUANA
Savanah
Sabana
Abanatam
Avanatam
Auanatam
Auanna
Hauanna
Hauana
Havanna
Havannae
Havenne
Havanah
Abana
la Avana
La Havana
la Habana
Havana
Habana
La Habana

TRISTE TRAGEDIA TRUNCA

Advertencia: Las comas suspensivas pueden representar no sólo el suspenso, sino también el estado de coma. — *El Autor.*

UN NIÑO , , , , , , , , , , , , , , , murió.

Un niño de siete años , , , , , , , murió tras breve
enfermedad.

Un niño rubio de siete años , , , , murió tras breve
enfermedad en
los brazos de
su madre.

Un niño rubio de siete años
que se había enfriado en el
baño , , , , , , , , , , , , , , murió tras breve
enfermedad en
los brazos de
su madre, a
consecuencia
de una pulmo-
nía.

Una premisa más tarde, la madre,
que era todavía joven y bella,
decidió meterse a , , , , , , , , , , , , , , , , , , ,

ACERCA DEL ECO

SE ACEPTA, generalmente, que el eco es la repetición de un sonido, por reflexión de las ondas sonoras. Es decir, que el eco es un reflejo parcial, como un destello, mientras que al reflejo controlado se le llama comúnmente «buena acústica» o, simplemente, «acústica», en mera metonimia. Como quien dice, un espejo sonoro. Inclusive se ha extendido el término eco a las ondas de radar, cuando son reflejadas por un obstáculo opaco, pero, me pregunto, ¿se ha preguntado alguien más si es posible hablar de un eco *oloroso?* Muchas veces, la fuente de un aroma—o más corrientemente, de un hedor—se localiza lejos de sus efectos, como demostrara concluyentemente Mark Twain, en su disquisición filodórica «1601», texto que, desgraciadamente, nunca se ha tomado en cuenta en los círculos científicos. (Espero que esta breve digresión sirva de base de lanzamiento a una futura o futuras discusiones sobre este tema.) Me permito solamente dejar una pista, para que la rastreen esos sabuesos de la ciencia que son los investigadores experimentales: nada más que con quitarle una nimia *i* a la palabra ruido se convierte en algo positivamente rudo. No así, por supuesto, en inglés, donde, una vez más, podrán adelantársenos en el campo de la investigación científica con sólo molestarse, usando el mismo método, para transformar *noise* en *nose*.

uno

UNA PRUEBA de que los pecados, si no más atractivos que las virtudes, son al menos más duraderos es que la diosa Némesis en la antigüedad premiaba a los buenos y castigaba a los malos. Hace rato sin embargo que el nombre es sinónimo de desgracia—y, a veces, de venganza.

d o s

UNA «PRUEBA» de que los «pecados», si no más «atractivos» que las «virtudes», son al menos más «duraderos» es que la «diosa» Némesis en la «antigüedad» premiaba a los «buenos» y «castigaba» a los malos. Hace rato «sin embargo» que el «nombre» es sinónimo de «desgracia»—y, a veces, de «venganza».

tres

«UNA» «PRUEBA» «de» «que» «los» «pecados» «si»
«no» «más» «atractivos» «que» «las» virtudes» «son»
«al» «menos» «más» «duraderos» «es» «que» «la» «diosa» «Némesis» «en» «la» «antigüedad» «premiaba» «a»
«los» «buenos» «y» «castigaba» «a» «los» «malos».
«Hace» «rato» «sin» «embargo» «que» «el» «nombre»
«es» «sinónimo» «de» «desgracia»—«y» «a» «veces»
«de» «venganza».

Preguntas

1. ¿Cuál es la diferencia *esencial* entre el primer texto y el segundo?
2. ¿Por qué en el segundo texto aparecen unas palabras entre comillas y otras no?
3. ¿Por qué en el tercer texto se han entrecomillado todas las palabras?
4. ¿Por qué no aparece la palabra tres entre comillas, como tampoco aparecen los signos de puntuación?
5. ¿Por qué en la primera pregunta de este cuestionario se ha subrayado la palabra esencial?

CÓMO HABLAR UNA LENGUA MUERTA

Generalmente, como se sabe, no es necesario hablar una lengua muerta: basta con saber leerla y, en ocasiones, poderla escribir correctamente. No nos ocuparemos en esta breve disertación, sin embargo, acerca del modo de escribir una lengua muerta, ya que desde el punto de vista de la escritura, que es la lectura, ninguna lengua está muerta mientras no está olvidada; y es recordada en tanto que sea inscrita.

(Doyme perfecta cuenta de que esta sentencia completaría por sí misma su sentido si hablara, por ejemplo, en inglés; pero el asunto de esta digresión quedará para una lección que daré en otra ocasión sobre semejante oración y su última relación con nuestra disertación.)

Natural e inevitablemente el idioma tema de nuestro estudio derivó de su etapa predialectal por el tiempo en que se anotaron, inscribieron o copiaron sus escritos más antiguos que operan en nuestro poder; es que la lengua objeto de nuestro breve escolio había llegado a lo que podemos llamar, sin pecar de impropios, su pubertad; de aquí continuó en su crecimiento hasta alcanzar la adultez, luego la edad madura, la presenescencia, luego la senilidad, vejez o chochera, en que su decadencia manifestó una cierta tendencia a la pendencia contra la independencia; después, como todos sabemos, vino la postración, el estado de comas, los estertores y, finalmente, la muerte: natural pero no por ello menos dolorosa para las lenguas hijas, sobrinas, nietas y sobrinonietas. Hay que precisar vagamente que la Difunta murió rodeada del cariño de los suyos, aparentemente. Su epitafio (que los descreídos toman por un slogan) fue una inscripción en el dintel de la puerta de su Academia: LIMPIA, FIJA Y DA ESPLENDOR.

Pero dejemos esta última lástima intrínseca, enclítica y diaspórica a las encíclicas paradigmáticas. Contentémonos con saber ahora que su reino imperioso alcanzó casi los mil años como una lengua indistinta, aunque su mutación constante, antes de dividirse, como lo hiciera otrora su antecesora sonora, en múltiples dialectos que la debilitaron, confundieron y finalmente aniquilaron, al tiempo que difundían su semilla semántica, semiótica y separatista.

Sic transit gloriae linguae

No podemos, no, pasar por alto aquí su momento culminante, que es su monumento ambulante, cuando alcanzara una esplendente brillantez clásica, que en la prosa—pero también en el verso—reflejara y fuera reflejado ese espíritu grave, sobrio, adusto, imponente, mayestático y soberbio que caracterizó al pueblo que la hablaba, dispersando, mientras asperjaba, dicha lengua, la que extendió, con su imperio donde jamás se quedaba quieta, por todo el orbe oral, exaltándola hasta el cielo de la boca.

Pero ¡basta de digresiones, diversiones y dilaciones, y vayamos directo, como de costumbre, al meollo de nuestro tema liminar, cuya simple exposición sabemos que será objeto de múltiples estudios y gozne sobre el que girarán futuras disquisiciones, mientras sea oíble el eco de nuestra voz melodiosa con vibraciones viriles cual cuerda de violón!

Pronunciación

Como sabemos, la pronunciación es uno de los elementos esenciales para hablar un idioma en voz alta; asimismo lo son el acento, la enunciación, la prosodia y la ortografía; como también la existencia de un interlocutor, sin el cual cualquier conversación, no importa la riqueza de su verba, deviene tarde o temprano monólogo. Sabido esto, entremos pues en el ámbito rigoroso de las reglas.

Según algunas autoridades, la pronunciación de la lengua objeto y sujeto de nuestro tema ha sido establecida con un aceptable grado de certidumbre derivada de la evidencia de autoridades de la época y de inscripciones antiguas, así como por inferencias de los modernos dialectos, jergas, germanías, *slangs* y *patois* (pr. patuá) más o menos hablados en distintas partes del globo terráqueo; igualmente por el ínclito estudio del papiamento.

A pesar de la determinación con precisión de la pronunciación aproximada, por la estricta aplicación de métodos lingüísticos y filológicos y la certidumbre deductiva del carbono catorce, no es posible, por supuesto, recobrar, como pieza en coto de caza, las *nuances,* los matices y la diversidad sutil de grises y blancos y negros del habla cotidiana; pero la tabla de pronunciación que daremos enseguida aparece ahora como una guía razonada y razonable de los sonidos del idioma en la palestra erudita, bajo el palio de nuestra acuciosidad investigativa tal y como lo hablaban las gentes educadas en los siglos que predecieron a la llamada Edad de Oro, y que algunas autoridades han insistido en llamar Siglos de Plata, Platino, Iridio, Estaño y Plomo, y así hasta llegar al Siglo de las Siglas, al Año de la Alfabetización, el Mes de las Flores, la Semana Santa y al Día de las Madres, entre las que se incluye a la Madre Patria, no sin olvidar la Hora de los Niños, el Minuto de la Verdad y el Segundo Fatal.

Vocales

Las vocales se pronuncian más o menos como nuestras vocales actuales, aunque hay idiomas neorromances que tienden, aun en nuestro mismo continente, a vocalizar en exceso o, diversamente o por el contrario, a una vocalización apenas distinguible. Algunas de las tendencias actuales más acusadas, tales como la acentuación aguda de una palabra llana—verbigracia, *Oscár* por *Óscar*— o contrariamente la esdrujulización de palabras llanas —vg., *várices* por *varíces*—, así como la conversión de esdrújulas naturales en forzadas llanas—ej., en vez de *má*talo, ma*tá*lo—o aun de las mismas esdrújulas en agudas—pr. ex., oye*ló* por *óyelo*—, no influye, como se creyó hasta hace muy poco, en la entonación correcta de las vocales, que han mantenido su estructura fónica desde la más remota antigüedad hasta nuestros días.

Por tanto, dado que las vocales no presentan problema mayor o menor o cromático, ni siquiera cuando son vocales tónicas o dominantes, dejaremos detrás las amables playas sonoras de las vocales con sus exóticos acentos diacríticos y las suaves palmeras de una pronunciación tropical, más bien a nuestro pesar. Pero no diremos adiós, ni siquiera hasta la vista, sino, con las menos consonantes posibles, *¡Ataluego!*

Consonantes

a, la *a no* es una consonante. ¡Quítela de ahí!

b, se pronuncia, como en muchos de nuestros idiomas, con el sonido actual de *v,* que, como sabemos, difiere notablemente de la antigua consonante denominada en el pasado *b* labiodental.

bs, se pronuncia, no como entre muchos de nosotros, como *b*—ej., o*bs*trusión—, sino como *s*—ej., o*s*trución. (En México a veces sustituye a la sílaba *bis;* por ejemplo, o*bs*po en vez de obispo.)

bst, no se pronuncia como en algunos de nuestros pagos como *t*—ej., a*tratto* por abstracto—, sino que se favorece la consonante intermedia—ej., a*strato.*

bt, se elimina la primera consonante. Ej., o*tu*rar por o*b*turar.

c, si va seguida de vocales como la *a,* la *o* y la *u,* tiene sonido fuerte de *k.* Si sigue a una vocal, tiende a desaparecer, como en el caso de la pronunciación de abstracto, señalada más arriba, o en doctor que pronunciaban *dotór.*

(En el caso de la *c* seguida de las vocales *e* e *i,* refiérase a la pronunciación de la *z.*)

106

ch, pronunciábase como nuestra *ch* aunque menos cargada hacia la *sh* que en ciertos barrios de La Habana o Buenos Aires. ¡Pero *shé*! ¡Vamos *shico*!

d, es, como la hache, una consonante muda, sobre todo al final de palabra o entre dos vocales. A veces, y solamente al final del vocablo, tenía un sonido regional de zeta. Ma*driz* y no Ma*drí.*

f, como nuestra efe actual.

g, como una jota fuerte, tanto que algunos autores clásicos insistían en sustituir una por la otra y viceversa. Se exceptúa ante las vocales *a, o* y *u.*

h, tan muda como la *d.* Jamás aspirada como a veces entre nosotros: *j*alar, *j*ocico..

j, muy fuerte, como *j* árabe o g flamenca, nunca como hache aspirada como entre nosotros. *G* gutural tal vez.

k, casi sin uso. Se prefería la doble consonante *qu* por la testarudez del genio del idioma: *quiz*á y no *kis*á.

l, como nosotros, pero nunca como ere.

m, como entre nosotros, aunque con mayor tendencia a convertirla en *n:* ej., albu*n* por álbu*m.* Plural, álbu*n*es.

n, como entre nosotros, aunque en algunas provincias tal vez más nasal.

ng, como dos consonantes separadas (ej., ten-go en vez de teng-o).

ñ, como entre nosotros, que adoptamos tal letra como propia. Nunca como en Texas, con sonido compuesto de *ny.* Ej., Gran Ca*ny*on en vez de Gran Cañón. Nunca como *gn.* Ejemplo: Carloma*gn*o y no Carlomaño.

p, fuerte al comienzo de sílaba, casi muda si después de una vocal.

q, muda a menos que fuera seguida de la vocal *u.* Su silencio se prolongaba hasta cuando iba al final de palabra, como en Tariq, pronunciado *Tarí.*

r, rodada. Si doble—*rr*—, doblemente rodada. Nunca con sonido de *l* o de *s,* después de vocal, como entre nosotros. Contra toda lógica, siempre fuerte al comienzo de palabra: *R*osa y no *Rr*osa.

s, nunca muda ni con sonido de *h* aspirada. Como la *s* mexicana pero menos sibilina. A veces con sonido de *r,* como en «Los do*r*cientos pesos que me debes».

t, como entre nosotros.

tl, como dos consonantes separadas o, la mayor parte de las veces, como una *l.* Ej., A*t-l*ántico o Alántico por A-tlantico. Hi*t-l*er o Híler o aun ¡*Il*er! por Hi-*tl*er.

th, inexistente, excepto como falta de ortografía grave. Por ejemplo: *Th*oma*t*e por *t*omate. Inexplicable a no ser que sea por contagio con Thomas, Tomás en inglés. (¿El tomate de Thomas, tal vez? Extraño.)

v, como *b,* aun en los idiomas extranjeros, Ej., Kuin *Bi*toria, *Bib* la Frans. Excepto en el caso del ruso, en que pasa a convertirse en *f;* Nabókof, Chéjof.

x, como *s* siempre. *T*asi por Tac-si. (Jamás como jota como en México.)

z, nunca como *s,* como entre todos nosotros, sino muy fuerte, al extremo de contagiar a la *c* con su zumbido. Por ejemplo, en vez de *s*erve*s*a, ¡*z*erve*z*a!

Vocales y consonantes dobles

Las dobles vocales prefirieron desaparecer a convertirse en diptongos, como entre nosotros. Ejemplo: la antigua palabra o tiempo de verbo pel*eé* se convirtió en pel*é* y dejó caer su última (o tal vez su penúltima: ¡nunca se sabe!) vocal antes que convertirse en nuestro pel*ié*.

Las dobles consonantes, más tímidas, desaparecieron mucho antes de que llegáramos nosotros.

Acentos

Los trataremos en otro acápite que llevará el título de *Acentos,* cuidando entre tanto de que acápite no se pronuncie ni se escriba acap*í*te.

Pueden encender la luz.

D
EL (C)OLOR DE LA MEMORIA

¿Qué color tiene el recuerdo? ¿Conserva los colores de la realidad inmediata o esa realidad mediata y por tanto fantástica, hecha irrealidad por la distancia, cambia de color con el tiempo? ¿La afectarán los estados de ánimo, pasados y presentes? ¿Un recuerdo triste, por ejemplo, tendrá tintes nostálgicos, malvas digamos, si se le recuerda en una época alegre? Y al revés, ¿recordar el tiempo feliz en la desgracia, además de ser un dolor dantesco, tendrá colores idénticos o diferentes? ¿Y la memoria, pierde color con el tiempo, como una película en colores vieja, dejando color en cada recuerdo? ¿O es que todos los recuerdos son un solo recuerdo? ¿Es mi memoria del color de las plantas en el jardín de mi bisabuela, hace más de treinta años, casi un tercio de siglo, siempre la misma, sin consumirse un poco, sin gastar sus bordes nítidos en cada recuerdo? ¿O son los recuerdos diferentes en cada momento en que se invocan o desbocan? ¿Es el recuerdo repetido de la peonía del color de la peonía actual? ¿Lo será también del color de aquella flor aquel día? ¿No hay sueños confusos en colores y sueños precisamente nítidos en blanco y negro, tan arbitrarios como azarosos, unos y otros? ¿No ocurrirá igual con el recuerdo, con los recuerdos? ¿Cerrando los ojos y creando una cámara oscura, podremos recordar el color vívido o la oscuridad borra el recuerdo? ¿Los recuerdos mejor dibujados por la memoria—«como

110

si lo estuviera viendo, viviendo, en este mismo instante»—son fieles a la realidad o al recuerdo? ¿No es el recuerdo el negativo procesado de la percepción fotográfica de un momento? ¿O es una vieja foto pegada a un álbum, que se mira de cuando en cuando o que cae inesperada de una gaveta cuando buscamos cualquier otra cosa? ¿Es la memoria de veras un mecanismo o, como los sueños, otra dimensión del tiempo? ¿Es el espacio del recuerdo idéntico al espacio real recordado, o mayor y menor, como el recuerdo de las cosas vistas en la niñez y luego vueltas a ver de adulto? ¿Los recuerdos de un ciego que pudo ver hasta un día son diferentes del recuerdo de ese mismo momento por un acompañante de entonces que ve todavía? ¿No hay dos recuerdos iguales o es que no hay dos cosas iguales, que entre la primera visión de un objeto y la segunda se interpone el recuerdo? ¿Y el recuerdo de las cosas al verlas por primera vez? ¿Es toda visión un dejà-vu? ¿Es todo recuerdo el recuerdo de un recuerdo? ¿Es la memoria una visión segunda, o se trata, realmente, de la primera y única visión del mundo, de la realidad, que no es más que un momento del recuerdo?

FUNDACIÓN MITOLÓGICA Y SUBSIGUIENTE EXPLORACIÓN INICIÁTICA DE LA CIUDAD DE BRUSELAS, ANCESTRAL CAPITAL DE FLANDES, REAL CAPITAL DE BÉLGICA Y POSIBLE CAPITAL DE EUROPA, COMENZADA EL 2 DE OCTUBRE DE MIL NOVECIENTOS SESENTA Y DOS, A LAS DIEZ DE LA NOCHE, DESDE SU GRAN PLAZA

Regresa Virgilio Piñera de Bruselas y cuenta que la ciudad es húmeda y que venera un ídolo fálico, el Manneken Pis, que «mana agua por salva sea la parte constantemente». Deduzco enseguida que el «niño que hace pipí», en las palabras de Virgilio, ese monumento nacional a la poliuria manando agua corriente día y noche, debe ser la causa primera de la humedad. Virgilio no desestima mi dictamen, sino que dice que la estatua convierte a toda la ciudad en su orinal. Luego la conversación pasa a otros temas trascendentes—París-la-Ciudad-Luz, Grecia-cuna-de-Occidente, España-la-Madre-Patria, etc.—y olvido a Bruselas. Años después ese tópico se vuelve mi destino: me nombran agregado cultural en Bélgica.

La primera noche en Bruselas, como conviene a un visitante—los diplomáticos no son más que residentes de paso—, del aeropuerto nos llevan a un restaurante—italiano, por supuesto—, en lo que luego conoceré como la Porte Louise, y de sobremesa somos transportados a la

112

Grand Place, y de ese teatro barroco reconstruido con luces—nunca antes la arquitectura ha manifestado mejor su tendencia a convertirse en decoración exterior que en Bruselas—caminamos todos, guiados por el amable anfitrión cojo, hasta el emplazamiento del Manneken Pis, que uno de los acompañantes se empeña en apodar Mammeken, con humor previsiblemente cubano. Compruebo, sin sorpresa (o tal vez con reverencia suprema por los mecanismos de la memoria), que Virgilio no exageraba las dimensiones míticas de esta venerada representación fálica, sino sus dimensiones reales: el Manneken Pis es una estatuica poco más grande que una tanagra, casi como un angelote de imaginería. En ese momento se me ocurre que Bruselas tiene dos héroes excrementales: Baudelaire, que un día se cagó (metafóricamente) en ella antes de sucumbir a la apoplejía belga que lo fulminó, y el Manneken, este hombrecito que la orina en sentido recto. Pienso asimismo que Rabelais habría intentado que el Manneken pipiara vino; Verlaine, ajenjo; Oscar Wilde, hock y soda; Hemingway, whiskey; Bessie Smith, ginebra; Balzac, café; De Quincey, láudano; Macedonio Fernández, mate; Henry James, té; el joven Tolstoi, vodka; Tolstoi viejo, yogurt de elk; Víctor Manuel, cerveza; Anita, que está a mi lado, Coca-Cola; Miriam Gómez, café con leche, y antes de preguntarme qué querrían mis anfitriones que manara en vez de esa agua eterna que haría las delicias de Lawrence de Arabia en su infierno—un desierto sin oasis—, el viento belga cambia de rumbo el arco líquido y nos moja a todos de risa tonta y turística. Pienso en el verbo—venerar—que usó Virgilio y compruebo que mi avatar en Bélgica acaba de comenzar en este bautizo.

113

¿EL ÚNICO AMOR DE JAMES ENSOR?

CURIOSO que ese misógino belga y victoriano de origen inglés que no parecía amar a nadie más que a sí mismo (nunca en sus ochenta años largos se casó o mantuvo una modelo amante y era hombre de tan pocos amigos como migas), casi en un determinismo psicológico de su nombre pronunciado a la francesa (*J'aime son sort*) y que prodiga en sus cuadros y grabados su cabeza peligrosamente parecida a la del conde de Montesquiou, llevando en una ocasión ¡un sombrero de plumas!, pero a veces servida cercenada en una bandeja, como un Bautista propicio y desdeñoso, a los críticos gordos y glotones que esperan ansiosos, cuchillos y tenedores en ristre, al fondo del dibujo, curioso digo, o mejor, repito, que entre su constante parada de máscaras que ocultan máscaras, de esqueletos peleones que apalean peleles pusilámines, de desfiles de Cristos entrando por Bruselas entre el bullicio y el jolgorio enmascarado, de comisiones fallidas de un retrato de una dama que se convierte, ante el rechazo femenino ofendido, en una caricatura bigotuda de sí misma rodeada ahora por una circunstancia de caretas más humanas, de una crueldad de polichinelas que conocen íntimamente a los monstruos del Bosco y de Bruegel, de ese fárrago fogoso de bañistas que empuercan promiscuos las playas y los prados, de viejas verrugosas y pintarrajeadas como carátulas, cacatúas, caricatos, de mercaderes que compran y venden el templo (¿del arte?) a toda hora sin que nadie los expulse de su farsa de fariseos flamencos, de filisteos, de disfraces lívidos y grotescos con que enmascarar la realidad del *fin de siècle* visto (y reproducido) como fin del mundo, siguiendo y precediendo a su compatriota Huysmans en un pesimismo, aprendido *d'après la lettre* mallarmeana, en que la cara y la carne son igualmente tristes, donde la única serenidad posible está encarnada por la imagen apacible del padre leyendo un libro entre sombras crepusculares, pero *curiouser and curiouser!* que la sola luminosidad sensual de un día de verano belga viene dada por el doble desnudo de dos bañistas, solas en su cuarto, secando sus cuerpos coritos y vanamente voluptuosos en una toilette casi cómplice mientras miran desvergonzadas por entre toallas veladoras y miembros descaradamente desnudos al pintor como si fuera una cámara carnal, y desmintiendo (a pesar de la ambigua anatomía que las hace aparecer casi efébicas o andróginas) en su femenina franqueza su edad, diciendo que sí con sus poses al tiempo que exclaman mudas con sus cuerpos inocentemente culpables, impúdicas pero impúberes, como modelos de ese tartamudo fotógrafo contemporáneo, deformadas mucho antes de estar formadas, corrompidas sin haber sido maduras, protestando demasiado: «¡Pero, *por favor,* si apenas tenemos *diez* años!».

DOS MUSEOS BELGAS

Si no hubiera todo lo demás (que al revés de Diego Rivera en su ridículo mural *De lo que México dio al mundo,* no voy a enumerar: ¿y el resto, todo lo demás que el mundo dio a México, dónde ponerlo?), dos cosas justificarían a Bélgica, dos museos: el Bois de la Cambre y el de Beaux Arts.

El bosque, que debo atravesar veloz en mi Fiat 600 cuatro veces al día yendo y viniendo del trabajo, es un museo vegetal en que los plátanos europeos se exhiben junto a tilos y laureles y almendros y abedules y hayas y castaños y sicomoros o plátanos falsos y cedros y alerces y toda clase de pinos y abetos y siempreverdes, y recorrerlo es una fiesta vegetal vertiginosa, hecha y conservada por ese asesino de árboles que es el hombre.

El museo de Beaux Arts es tan modesto como toda Bélgica, y al verlo desde la calle con su árida arquitectura nadie sospecharía que esconde tantas bellezas, tanta emoción encapsulada, comenzando por el hermafrodita que descansa en un rellano de la escalera, ofreciendo al ascendente visitante su anatomía femenina desnuda y reservando sus partes protestantes para la pared pasiva. Luego, arriba, entre el sorprendente Rogier van der Weyden o Roger de la Pasture y su retrato del Gran Bastardo de Borgoña, la Venus de Mabuse con sus curvilíneas carnes más rubensianas que en la obra maestra de Rubens en Amberes, Adriaan

116

Brouwer y su hombre orinando que recuerda a Teniers, que dicen que siempre pintaba un meador en sus cuadros de tabernas, como en su *Jugadores de cartas* ahí al lado, que casi parece una partida de poker de un oeste, Rubens y su estudio de la cabeza de un negro, que es uno de los primeros dibujos de una cabeza africana y una obra maestra repetida en los billetes belgas de quinientos francos para desespero de falsificadores y racistas (¿será algún día un billete como éste de curso forzoso en Sudáfrica?), y Bruegel el Joven, llamado El Terciopelo, con sus joyas y flores como joyas, y antes de pasar a la obra maestra entre las obras maestras hay que acercarse con mucho cuidado a ese retrato de un niña sonriendo que a cinco metros se vuelve grave, a tres metros está compungida y a un metro se ve que una lágrima le corre eterna y silenciosa queriendo caer hasta un pájaro muerto para siempre entre sus manos, y que, justamente, es un cuadro anónimo varias veces: no se sabe ni se sabrá nunca quién fue su autor ni quién es esa niña que lamenta con un acento más inmortal que el célebre poema catuliano la muerte de su pájaro favorito, ni se sabe qué mano debajo de la mano determinó esta elegía fuera del tiempo y del espacio pictórico y del tiempo y del espacio de la historia. Pero estas obras maestras no son más que estaciones para llegar a Bruegel el Viejo. No quiero hablar de su *Hombre que bosteza* ni del *Censo en Belén* ni de su *Caída de los ángeles rebeldes* en que sus *Opstandige Engelen* forman una trama eterna de maldad monstruosa, sino de otra caída menos populosa pero más significativa para el mito y para la literatura, *La caída de Ícaro.*

117

El cuadro es en realidad una combinación de marina y escena campestre. En la marina unas carabelas aparecen ancladas y otras están a punto de largar velas rumbo a un poniente que se ve al fondo casi oculto por el horizonte alto. Hay un paisaje escarpado a la derecha, y a la izquierda se vislumbra una ciudad blanca como Babilonia. Hay movimiento en su puerto y un supuesto bullicio en sus calles.

El paisaje bucólico está, como siempre en Bruegel, en función del trabajo campestre, de la agricultura y del pastoreo. El pastor atiende a sus ovejas y el labrador ara con esmero. No lejos del labriego y a sus espaldas hay un muerto en unos matorrales, y esta escena no es más que una ilustración del viejo proverbio que dice que no hay arado que se detenga por un hombre muerto. Aparecen otras figuras humanas atendiendo a sus menesteres: un pescador pescando, marinos haciéndose a la mar.

En el extremo inferior derecho del cuadro, como si fuera parte de un nadador inexperto, se ve una pierna luchando contra una zambullida desastrosa y, ya en el agua, el reflejo de otra pierna. Es Ícaro caído, acabado de caer, cayendo todavía, pero ahora en el olvido o, peor, en la ignorancia total. Todos en el cuadro lo han olvidado o no pueden siquiera recordarlo porque no saben que existió. El único de los posibles espectadores de su caída que mira al cielo, el pastor, lo hace en dirección contraria y dándole la espalda al evento. Nadie sabe que acaba de ocurrir un desastre, más que histórico, eterno porque pertenece a la memoria humana, al mito, y volverá a ocurrir una y otra vez. Nadie, excepto, por supuesto, Bruegel l'Ancien.

Otro escritor, otro visitante del museo, ha dedicado unos versos a este instante, a este cuadro inmortal. Comienza el poema diciendo que los antiguos sabían mucho de estas cosas.

LOS POSIBLES RIESGOS DEL VÉRTIGO
CREADOR EN EL VIRTUOSO

LA PALABRA *maraca* siempre me intrigó. Quizá sea porque su versión cubana, la *maruga,* es uno de los primeros sonidos que oye un niño: éste es el nombre que se da en Cuba al sonajero. Pero, como ocurre con los instrumentos musicales de América, la maraca suena a confusión. Nada de la nitidez histórica del piano o la súbita invención del saxofón.

No es, como siempre se creyó en Cuba, de origen africano, pese a su engañosa adopción temprana por los músicos negros en sus danzas, ya fueran rituales o teatrales. Idéntica confusión pero en sentido inverso se produjo con la marimba, que muchos en México y en Guatemala aseguran que es de origen indio, cuando es evidente que viene de África y su primitivo nombre es el mismo por que se le conocía antes en Cuba, *marímbula.* El aporte americano es su teclado horizontal de «maderas que cantan con voz de mujer»: en Cuba es todavía un instrumento macho, con voz de bajo.

La maraca tiene su origen entre los indios arahuacos y el único aporte cubano fue haberla introducido en las orquestas de baile. Una versión magnificada aparece en la música brasileña, pero también está presente en la música ritual de Cuba y de Haití. En Cuba se llama *achékere,* palabra distintamente africana que ni siquiera ha entrado a formar parte del lenguaje vernáculo, como ocurrió con el bongó, cubanización de la palabra conga *bonkó*.

La etimología de la palabra *maraca* ha confundido su origen. En un buen diccionario de USA aparece como introducida, a través del portugués, proveniente del tupi. Éste es un procedimiento standard en inglés, que atribuye cada vez que puede una palabra exótica a Portugal, herencia filológica de la vieja rivalidad entre Inglaterra y España. El *Oxford Dictionary* ni se molesta en registrarla, mientras que el *Diccionario* de la Real Academia la hace venir del guaraní *mbaracá*. Una simple ojeada al mapa de América mostraría que la palabra tuvo su origen en Venezuela, por la abundancia de nombres que comienzan con idéntico sonido: Maracaibo, Maracay, maracucho. Por su parte el *Diccionario* español no se digna a considerar siquiera la cubanización de *maruga,* que parece una corrupción taína, la tribu arahuaca más populosa en Cuba antes del descubrimiento.

Nací, precisamente, en lo que en tiempos colombinos fue un gran asiento indio. Una vieja leyenda taína que oí de niño tiene que ver con la maraca o maruga. Era entonces, como volvería a serlo luego, un instrumento ritual. Tocar las maracas era privilegio del brujo de la tribu. Un virtuosismo mágico al que se acudía a menudo, en tiempos fáciles como difíciles, en las fiestas y en los lutos, aleluya o amén, era hacer volar la maraca tan alto que diera al instrumento tiempo de voltearse y sonar en el aire, solo. El brujo reclamaba para sí tal privilegio, pero si alguien creía poder emular el giro, el vuelo musical, el susurro de la jícara muerta que sonaba sola, con virtuosismo y encanto, podía intentarlo. Había, eso sí, un inconveniente, una pega. Si la maraca, al caer, se rompía, el audaz espontáneo pagaba con su vida el daño causado al instrumento mágico. Otros brujos, magnánimos o más sabios, hacían pagar al intruso que fracasaba en su intento virtuosista con tantas lunas de mala suerte como semillas cayeran al suelo de la maraca muerta.

Este atrevimiento del neófito, su intento de hacer cantar al vuelo la maraca, de inducir un instrumento al vértigo creador, me ha parecido siempre particularmente apto como metáfora de cualquier momento literario. Es que el brujo caribe sabía: no hay arte que no se ejerza sin riesgo de fracaso, de infortunio o de muerte del alma y, quién sabe, del cuerpo del artista.

ACERCA DE LA PALABRA COMODIDAD

¿Por qué la palabra comodidad casi te hace llorar?

Por el recuerdo.

¿Cómo?

Está mi tía Luisa que no es en realidad mi tía, mi tía Luisa, Luisa Ortega, la mujer de mi tío Pepe Castro, sentada así, mirando sin ver por las cataratas que la dejarán ciega, y yo estaba de visita en su casa. En el patio, sacando agua del aljibe estaba su hija Noelia, mi prima, y detrás el sol se pone por sobre la cerca y la mata de papayas y los cocoteros distantes, pero ellas no ven el crepúsculo porque mi prima Noelia saca agua con un cubo abollado y mi tía Luisa está sentada casi ciega en un cajón de madera, recostada contra un muro. Me quiero bañar, quisiera darme una ducha, pero tendré que bañarme en una tina de madera hecha con un fondo de barril y echarme agua con un jarro de hojalata. Estoy sin camisa hace rato, a la sombra de la sombra porque el sol desaparece y todo es sombra. Hace aire en mi pueblo, y pensando en alta voz digo que tengo frío. Mi tía Luisa escupe en el suelo y se vuelve hacia mi voz. Frío, dice. ¿Frío?, pregunta incrédula. Vea ahí afuera y sin camisa, dice Noelia. Mi tía Luisa se vuelve hacia Noelia que camina con el cubo lleno de agua, mi agua, hacia dentro, hacia la casa de piso de madera y paredes con rendijas. Al pasar por el lado de mi tía Luisa, ésta dice, Noelia, ponle el agua a la candela a calentar al Gallego (ése es mi apodo familiar), que él está acostumbrado a La Habana y a su comodidá.

UN FILÓSOFO FELIZ

UNO DE LOS PERSONAJES más simpáticos de la historia de la literatura fue ese magistrado de provincias llamado Jean-Anthelme Brillat-Savarin, a quien salvó de la guillotina su amor por la música, del Terror su astuto exilio en América y de la mortalidad del espíritu por la inmortalidad de la letra su *Physiologie du goût,* que publicó en privado anónimo.

Brillat-Savarin fue, como todo amante de la buena mesa, un humanista, y su lucidez altruista cuando era alcalde de su Belley natal dispensó a su pueblo del mefítico gusto por la muerte de los jacobinos. Tal generosidad no le costó la cabeza por mero milagro. Brillat-Savarin cuenta el incidente en su magnimunífico librito, pero le da menos importancia que a una cercana digresión acerca de los orígenes del café o del chocolate, y dedica mucho más espacio a describir, por ejemplo, el prodigio de ver crecer un espárrago. Es todavía emocionante releer cómo, en camino a ser entrevistado por el comisario (el nombre es nuevo, pero la función de verdugo político es la misma entonces que ahora) Prot, cuyo sólo apellido era tan siniestro entonces como ahora es insignificante, se detuvo en una posada caminera donde la vista y el olor de unas perdices asadas lo hicieron olvidarse, momentáneo, de su presunto destino: «*Bon!*», me dije a mí mismo—cuenta él—muy alegre con lo que veía, «la Providencia no me ha olvidado del todo. Vamos a recoger esta flor por el camino, que siempre se puede dejar la muerte para otro día». Unas páginas más tarde, describirá brevemente su casi letal entrevista con Prot, pero ahora sólo tiene memoria para la comida: «¡Qué cena fue aquélla! No la describiré en detalle, pero le debo mención honrosa al superbo fricasé de pollo, como no se encuentra más que en la campiña»—y en seguida describe el resto de la cena.

Este *bon repas*—un verdadero banquete en nuestros días—fue una invitación casi forzada que consiguió nuestro epicúreo de unos parroquianos de la posada, pero el repentino golpe de suerte le parece una buena señal para la cita fatal con el representante Prot. Efectivamente, al día siguiente Prot se muestra, como siempre, torvo: «[...] me miró con aire siniestro y creí que me iba a arrestar allí mismo». Pero la cita se resuelve en cena y fue su buena fortuna (y la nuestra: de lo contrario nunca gozaríamos el placer de leer, de releer *La fisiología del gusto*) que Madame (perdón: *Citoyenne*) Prot fuera amante de la música y Brillat-Savarin un aficionado diestro. «No habíamos empezado a conversar cuando me preguntó ella si me gustaba la música. ¡Oh inesperada suerte! Según parece, ella la idolatraba, y como soy un músico competente, desde ese momento nuestros corazones latieron al unísono [...] Hablamos hasta la hora de la cena, y para entonces ya habíamos agotado la materia [...] Después de la cena mandó ella a buscar su portafolio; cantó ella, canté yo, cantamos [...].» Pero Brillat-Savarin no olvida que, más que sus cuerdas vocales, es toda su cabeza la que está en juego y omite, por la primera vez, contarnos qué comió pero no cómo cantó: «[...] nunca puse más

126

empeño en mi canto y nunca lo disfruté tanto». (La rima es de mi inepta traducción, no del apto gourmet.) El comisario no está para melomanías: «Monsieur Prot había sugerido ya marcharse varias veces, pero ella se negaba a saber de ello, y resonábamos, como dos trompetas, el duetto de *La fausse magie,* "¿Recuerdas aquel día feliz? [...]", cuando dio él la orden terminante de partir. Esta vez hubo que obedecerle; pero al separarnos Madame Prot me dijo: "Ciudadano, un hombre que cultiva las artes como usted lo hace, no traiciona su patria [...]"»—y Brillat-Savarin salvó así su vida y nuestro libro, gracias a la cultura.

Dije que Brillat-Savarin no cuenta nunca qué comió con el protervo Prot y su melómana, pero no hace falta que lo diga: debió ser una comida atroz. Los déspotas tienen invariablemente el gusto enfermo. Napoleón, el mismo Brillat-Savarin lo cuenta en su libro, comía poco, mal y sin concierto. Hitler era vegetariano. Stalin inundaba sus toscas comidas con vodka. El único tirano, cuyo nombre no quiero (ni puedo) anotar, con quien tuve el disgusto de compartir varias comidas, tenía, entre otros, el hábito de mezclar— ¡con una cuchara, por favor! —el arroz, los frijoles negros, un picadillo a la criolla y los deliciosos plátanos fritos en un asqueante tojunto que un cerdo habría rechazado por promiscuo. Dice Brillat-Savarin al respecto: «Dime lo que comes, y te diré lo que eres».

Pero debo terminar este breve homenaje a tan venturoso francés con una mención de su poético empeño anotando varias de sus frases famosas. «La mesa es el único lugar donde la primera hora nunca es aburrida.» «La suerte de las naciones depende de la manera en que comen.» «El descubrimiento de un nuevo plato hace más por la felicidad del hombre que el descubrimiento de otra estrella.» «Sólo el hombre de intelecto sabe comer.» «Postre sin queso es como una mujer bella pero tuerta.» «El ama de casa debe cuidar siempre que su café sea excelente.» A veces intenta un acercamiento filosófico a algo más que al gusto. Así, sobre los sueños dice: «Cuando ellos [los científicos] nos den la información indispensable, podremos entender mejor la naturaleza duple del ser humano». «Estoy tentado de decir que los sueños no son más que la memoria de los sentidos.» Otras veces su intelecto clásico se deja ganar por la ingenuidad decimonónica y se convierte en un antecedente de Jules Verne, soñando que vence la gravedad, que vuela ingrávido y que en el sueño ha logrado desentrañar el secreto de la pesantez. Al olvidarlo al despertarse, no vacila en expresar su fe en que los científicos descubrirán pronto el secreto del sueño que olvidó despierto. En muchas páginas, sin embargo, nos asalta de seguido el asombro de asociaciones que lo acompañó siempre por el paseo de los sentidos que fue su larga y variada vida, y que quiero resumir en una sola frase feliz: «El faisán es un enigma».

¿FUE EUGENIA DE MONTIJO UNA NOBLE LOLITA PARA EL PLEBEYO HUMBERT BEYLE?

For me: v'a. D'Arb. «U. dern am our d Stdh: EdeMont».

EL EPÍGRAFE es una parodia de las notas ingenuamente enigmáticas de Stendhal. Su transcripción posible es: «Ver artículo de Paul Arbelet, "Un último amor de Stendhal: Eugenia de Montijo"». Aquí se habla de una confesión de la célebre emperatriz: «El señor Beyle me saltaba en sus piernas». Eugenia tenía trece años entonces. Dicen muchos que eran trece maravillosos años y que Eugenia nunca volvió a ser tan bella. Esos mismos afirman que Eugenia de Montijo fue el modelo para Clelia Conti. Solamente puedo agregar, juntándome con Carroll, haciendo corro con Chevalier, llorando ese rosebud entre las nieves de antaño con Humbert Humbert:

Thank Heavens
For little girls!

LAS MISTERIOSAS PROYECCIONES
DE MERCATOR

¿Es una casualidad que la *Orbis imago* sean dos cartas geográficas enfrentadas para formar un corazón? ¿Era el amor la imagen del mundo de Mercator? ¿O tal vez sea una señal oculta?

Se sabe que el cartógrafo renacentista—a quien se puede ver en los grabados belgas abrazando al mundo, barbado y dandy, mientras su aguzado transportador pincha o intenta perforar la Sensualidad Geográfica— detestaba los viajes. ¿No sería su *Nova et aucta orbis terrae descriptio ad usum navigantium emendate accommodata* una monstruosa metáfora? Pero, ¿fe qué? (Misteriosamente, ¡así escribe mi máquina luliana en vez de de qué!) ¿Del amor? No ciertamente del amor cristiano, ya que Mercator, aunque decía profesar la fe que detentaba el poder entonces, sufrió persecuciones religiosas, y al ser acusado de hereje se vio obligado a dejar Flandes para ir a vivir en la Alemania protestante. Pero, ¿fueron las provincias flamencas, entonces bajo dominio español, la patria de origen del cartógrafo?

Es conveniente, creo, conocer su nombre real. Como Durero, que se llamaba Albrecht Dürer aunque firmara *Albertvs Dvrero* en sus cuadros y dibujos, Mercator no se llamaba Mercator antes de latinizar, prestigiándolo, su nombre.

¿Cuál era su verdadero nombre? No un nombre, sino

muchos nombres. He aquí una breve lista metamórfica que quizá no los comprenda todos:

> Koopman [1]
> Marktkramer
> Kramer
> Kremer, Gerhard
> De Cremer, Gérard
> Cremer, Gherard
> Gerhard Marktkramer
> Gerardvs Mercator.

¿Por qué tantos nombres diferentes? ¿Qué podía temer este fabricante de instrumentos de precisión bélicos por encargo expreso del emperador Carlos V, el monarca más poderoso de su tiempo, para esconderse detrás de sucesivos pseudónimos? Quizá las incipientes persecuciones contra los protestantes en Flandes o la lucha flamenca contra la ocupación española lo obligaran a exiliarse nominalmente. Pero Mercator, como el personaje de Allais, no era protestante ni se consideraba a sí mismo como flamenco. Tal vez el motivo de su nombre furtivo y de su fuga fuera la caza de herejes, simultánea en varias partes de Europa. En todo caso, para disipar esa imagen repetida de su *Orbis*—que recuerda tanto al Gran Símbolo de Salomón como a una descripción gráfica de los que San Buenaventura

---

1. Éste fue, aparentemente, su primer nombre flamenco. Es curioso, sin embargo, que al germanizarlo no buscara su exacto equivalente en *Kaufmann*, sino en ese preciso y a la vez inexacto *Marktkramer*.

llamó la Esfera Inteligible [2]—, la primera obra carto-
gráfica impresa por Mercator es, sospechosamente, una
carta geográfica de la Tierra Santa. Luego procede a
tomar prestada la proyección cordiforme al misterioso
Oronce Finé (cuyo nombre parece un anagrama del
testamento de un ateo suicida: *E no creo. Fin*) para de-
sarrollarla en su primer mapa mundi. En cuanto a la
proyección que lleva hoy su nombre, aparece, según
el propio Mercator, que distaba mucho de ser un hombre modesto, como modificación más que invención.
Lo que es, después de todo, posible. La proyección
Mercator es, pues, un préstamo ilustre. Pero, ¿pedido
a quién? A este misterio hay que oponer una revelación.
Su amigo, colaborador y luego corresponsal en Holan-
da, cuando Mercator trabajaba en la Rinlandia, es Abra-
ham Ortelius, como Spinoza, sefardí exilado desde hace
poco en los Países Bajos.

Es sólo después de su breve arresto en 1544 que
Mercator comienza a llamarse Gerhard Kremer. Su
Marktkramer,[3] que se convierte finalmente en Merca-

2. *Sphoera intelligibilis cujus centrum est ubique et circumferen-
tia nusquam,* idea tomada por el santo franciscano de un libro her-
mético, y que luego fuera vulgarizada, debilitada, por Pascal, primero,
y finalmente por Alfred Jarry.

3. Es pertinente—o por lo menos curioso—anotar los nombres
de dos homónimos de Mercator: John Cremer, en Inglaterra, y Heinrich Kramer, el infame decano de la Universidad de Colonia. El primero fue un falsario que se hizo pasar por abate de Westminster,
aunque nunca hubo en su época, ni antes ni después, un abate de
Westminster llamado Cremer o Cramer. Su notoriedad póstuma viene
de un documento aparentemente apócrifo, su *Testamento hológrafo,*
sellado con lacre negro y salpicado de aceite de chaumugra. En este
documento nefario, Cremer, o su falsificador fúnebre, asegura que el
gran Raimundo Lulio «hizo oro» en Inglaterra por encargo del rey
Eduardo III, y que este oro histórico se llamó *aurum Raymundi.* Se-

tor, no reaparece hasta que se halla seguro bajo la protección del duque de Jülich, noble rinlandés a quien sus enemigos apodaban Jüdich. Luego, cuando ya es cartógrafo de fama internacional, hace cartas geográficas de todos los países de Europa, comenzando por su Flandes aborigen. Pero olvida de cartografiar uno, que es el país más importante del mundo en ese momento: España.

Hacia el final de su vida hay una clave última y pri-

---

gún Eliphas Levi, todavía había en el siglo pasado monedas inglesas raras «llamadas *Raymundins* por los expertos». Uno de éstos, Louis Figuier, identifica los *Raymundins* como las *rosas nobles,* que, curiosamente, fueron reemplazadas por *ángeles,* moneda acuñada y nombrada en tiempos de Eduardo IV.

En cuanto al otro Kramer, fue uno de los autores del tenebroso *Malleus maleficarum* o *Hexenhammer,* el martillo de las brujas. Kramer, quien aseguró una bula papal de Inocencio VIII para silenciar toda posible oposición a su cacería de brujas, latinizó su nombre en Institor. Lo que es singular, ya que *Kramer* quiere decir en alemán tendero, no buhonero. Pero no hay que fiarse mucho de la aptitud de Kramer como latinista, si conocemos su demostrada incapacidad para la filología. Su etimología de la palabra latina *femina* (mujer), por ejemplo, es bien torcida, ya que la deriva de *fe* y de *minus* para obligarla a parecer descreída. En cuanto a un descreído que debiera conocer mejor que a la mujer, el diablo, ¡lo obliga a componerse de las raíces *dia* (dos) y *bolus* (muerte), aquel que mata el cuerpo y el alma!

Una anécdota terrible sirve para marcar las diferencias entre el inquisidor Kramer y Kramer el cartógrafo. Para justificar sus persecuciones contra supuestos o presuntos herejes, inventó el primero una máquina jurídica llamada la «caldera del diablo». La caldera no era otra cosa que un horno grande y apagado dentro del cual hizo esconder a una ramera, pretendiendo luego que el diablo tenía allí dentro su adecuado aposento. La voz de esta mujer, que conocía íntimamente a no pocos vecinos de la ciudad, sirvió para denunciar a muchos inocentes, a quienes Kramer obligó a comparecer ante el horno bajo pena de excomunión y muerte. Luego torturó a muchos de los citados y condenó a buena parte de ellos a la hoguera.

mera. Aparece en el epitafio del panegirista anónimo que lo calificó de *ingenio dexter, dexter et ipse manu* —«astuto y diestro, de mente como de mano». Esta cualidad oculta es la coraza ofensiva de los perseguidos, del exilio—todavía lo es. «Silence, exile, cunning», recomendará al artista exilado cuatro siglos más tarde otro cartógrafo del doble laberinto humano y urbano. Pero, ¿quién podía perseguir a Mercator? Tal vez no fuera alguien, sino *algo*. Una última proyección española de su nombre podría quizás ofrecernos un indicio:

Mercator

Mercador

Mercader.

Este último *Mercader* indica naturalmente al mercado. Pero, ¿si se tratara más bien de una señal terrible, de una impronta?

¡Marcado!

ÁCIDO (P)RÚSICO

LA TUMBA DEL CREYENTE NO CREÍDO

El alba del 22 de junio de 1941, decenas de divisiones blindadas alemanas irrumpirán a paso de *Blitzkrieg* en las estepas rusas. En el ocaso de la víspera, un obrero alemán llamado Korpik escapa a Rusia. Es un militante comunista en la clandestinidad, quien por un azar o un descuido sabe los planes de ataque de la *Wehrmacht*. Ahora intenta hacer conocer el secreto a las autoridades fronterizas rusas. Luego, un auto lo llevará al cuartel general del ejército soviético, a lo que seguirá una comunicación (urgente) en clave al Ministerio de la Guerra en Moscú. Es medianoche cuando la noticia llega finalmente (por teléfono) a Stalin, quien no cree en la invasión, que nunca ha creído en ella, que no creerá hasta que las *Panzerdivissionen* hayan arrasado trescientos kilómetros de la sagrada tierra rusa, matado miles de ciudadanos soviéticos y hecho prisioneras dos divisiones con su estado mayor. Pero esto pasará en el futuro. En el presente, Stalin deduce con excelente dialéctica idealista: como la invasión no ocurrirá jamás, el alemán *tiene que* ser un provocador. Por órdenes de Stalin, Korpik queda arrestado en el acto, es acusado de ser un agente nazi, juzgado sumariamente por un tribunal militar, condenado a muerte (sin apelación) y fusilado *sur le champ*. Korpik, viejo comunista, muere como un noble traidor: con dos tiros de pistola en la nuca, después de haber sido obligado a cavar su tumba. Pero el cadáver de Korpik no ha sido

137

enterrado todavía cuando ciento veinte divisiones nazis atraviesan la nueva frontera soviética (en Polonia) con dirección a Kíev, Leningrado y Moscú.

La tumba de Korpik no se encontró nunca (ni siquiera se buscó), pero se sabe que fue abierta y cerrada a toda prisa al alba del 22 de junio de 1941. ¿Por qué razón? No se sabe. Tal vez esa exhumación fallida sea una ocurrencia histórica menos irracional que ese alto secreto de guerra en posesión de un obrero que cree en el enemigo, o que ese creyente destruido por los defensores de su propia fe, o que ese líder materialista moderno que tomaba decisiones tan arbitrarias, injustas y poco predecibles como las de Atila dos mil años atrás. La historia, después de todo, no es más que el nombre que damos a una crónica de desatinos, afortunados o adversos, cometidos por unos hombres, que otros hombres ni más ni menos atinados tratan luego de explicar, de desmentir o de afirmar—o, simplemente, de contar.

VENGANZA POÉTICA

Zbarskij, embalsamador de oficio, rescató la efigie de Lenin de entre los muertos, con la inmortalidad instantánea del formol, para crear la necrofilia materialista. Luego, por una causa baladí o inventada durante el proceso, Stalin lo envió a Siberia de por vida. Salió, muchos años después, para embalsamar el cadáver de... Stalin. Me niego a imaginar el minucioso frenesí y el ultraje con que el taxidermista destripó a su anterior verdugo—protegido por la aquiescencia estatal.

Pero sé de alguien que, al conocer la posibilidad de otra venganza perfecta, de nuevo se puso un antifaz de seda negra y, ciñéndose bien al cuerpo su *roquelaire,* se dejó conducir por el rencor y el recuerdo a su palacio. Antes de salir, dejó a un lado la paleta y el nivel, y caminando sigiloso como de costumbre a lo largo de una de las infinitas murallas del infierno, volvió a silbar su divisa: *Nemo me impune lacessit!*

UN DRAMATURGO INJUSTAMENTE OLVIDADO

Uno de los grandes dramaturgos del siglo se debió llamar V. I. Vychinskij. Su *mise en scène* cuando los juicios del Centro Terrorista Trotskista-Zinovievista Paralelo Unificado (largo título para largo drama), más comúnmente conocidos como los Procesos de Moscú, fue simplemente magistral.

Momento más dramático: cuando se le niega al acusado Arnold todo, hasta el título de camarada. Momento trágico: cuando Bujarin se ve envuelto en la malla dialéctica del traidor objetivo y del subjetivo traidor, y confiesa su «traición», poco a poco, renuente, mientras Vychinskij le saca las palabras históricas una a una de la boca. Hay aquí sin duda una grandeza heroica, sólo que no es Vychinskij el héroe, como creíamos nosotros, los que de entonces no somos los mismos.

con Li Ssu, el influyente primer ministro que indujo al emperador Ch'in Shi Huan Ti a la quema de «todos los libros anteriores» a su dinastía, trescientos años antes de Cristo; con los sobrios atenienses que asesinaron a esa fuente de filosofía y de libros que fue Sócrates; con la destrucción de la biblioteca de Alejandría y su gemela en Serapis, no por Julio César accidentalmente, ni por Amrou, capitán del califa Omar, deliberadamente, como hicieron creer hasta hace poco sus verdaderos destructores, esos asiduos re-escritores de la historia: los cristianos; con los monjes medievales que borraron los pergaminos con las comedias de Menandro, casi todos los poemas de Safo y todo Píndaro, para copiar sermones y simonías; con el Santo Oficio de la Inquisición, con el Index Librorum Prohibitorum, con Calvino; con la criada de Carlyle que, convirtiendo ella sola la tragedia colectiva en comedia doméstica, usó el manuscrito de *La Revolución Francesa* para encender el fuego renuente; con la pacata Mrs. Clemens que expurgó los escritos de Mark Twain antes de ser impresos; con los aterrados nativos que pegaron fuego a la choza decorada por el diablo en que murió Gauguin; con la primera esposa de Hemingway, quien perdió, entre París y Zürich, una maleta de manuscritos sin copia; con los agentes de la NKVD que destruyeron las últimas viñetas de Babel y casi todos los poemas póstumos de Mandelshtam; con los oficiales SS que

141

quemaron en el ghetto de Drohobycz los manuscritos
últimos de Bruno Schulz, antes de pegarle un tiro en
la nuca; con las dos guerras mundiales que destruyeron
catedrales, bibliotecas y museos, y la ciudad de Dresden
en una sola noche; con el comisario cubano que mandó
echar abajo el mural enorme de Amelia Peláez, culpable abstracto de matar con una de sus alas caídas
a una mujer que tomaba el sol abajo en la piscina del
Hilton Hotel llamado ya Habana Libre? ¿Qué hacer
con ese pasado irrecobrable? ¿Qué hacer con los muchos Montags irredimibles que nos prepara el futuro
peligroso por incierto—o tal vez por previsible? ¿Qué
hacer con el porvenir, próximo o pospuesto, que aca-
bará con las ideas que acabaron con los hombres que
acabaron con los libros tratando de acabar con las ideas?
¿Qué hacer con el tiempo que lo destruirá todo? ¿Qué
hacer con el mañana remoto indiscernible del remoto
ayer? ¿Qué hacer con la eternidad, contra la nada?
¿Nada?

142

LA VOZ DETRÁS DE LA VOZ

¿Quién escribe?

¿Quién habla en un poema? ¿Quién narra en una novela? ¿Quién es ese yo de las autobiografías? ¿Quién cuenta un cuento? ¿Quiénes conversan en esa imaginada pieza de sólo tres paredes? ¿Qué voz, activa o pasiva, habla, narra, cuenta, charla, instruye—se deja ver escrita? ¿Quién es ese ventrílocuo oculto que habla en este mismo momento por mi boca—o más bien por mis dedos?

La pluma, por supuesto, a primera vista o de primera mano anoche. O la máquina de escribir ahora en la mañana. Una segunda mirada sonora, escuchar otra vez ese silencio nos revelará—a mí en este instante; a ti, lector, enseguida—que esa voz inaudita, ese escribano invisible es el lenguaje.

Pero la última duda es también la primera—¿de qué voz original es el lenguaje el eco?

MACULOSCOPÍA

Quevedo, ese predecesor ilustre, las llama *palominas*
y las localiza al extremo sur de la camisa, que era en
ese tiempo más largo que en nuestra camisa llamada
«de manga larga», que debía llamarse «de falda larga».
El *Diccionario manual* de la Real Academia Española,
siempre discreto, no vacila en definir la palabra y lla-
marla por su nombre, aunque el nombre que le da,
palomino, pertenece desde nuestra infancia a los caba-
llos. En el cono sur las llaman *palometas.* En Cuba
se llamaron *palomitas,* pero luego, tal vez contagiadas
con la terminación bonaerense, empezaron a llamarse
roletas, nombre de menos vuelo aunque evidentemente más apropiado porque alude a su forma circular.

Pero no es del nombre que hemos venido a hablar
aquí esta noche, sino de la sombra, proyección o mácula que por su aspecto nicotínico se llamó alguna vez ni-
cociana.

Localizado, nombrado y definido el objeto de nuestra
charla, pasemos a su estudio propiamente dicho.

Hemos podido notar a lo largo de nuestras observa-
ciones en trenes de lavado, lavanderías y en experimen-
tos *in situ* o *in anima vilis,* que las dichas o dichosas
manchas tienen una tendencia a convertirse en marcas personales, variando su tamaño, forma y color de
acuerdo con el individuo—o más bien con la prenda—
estudiado.

Tal constancia permite, sin necesidad de traer el

tema por los pelos, la constitución en ciencia de dicha
ocurrencia. Podría, incluso, convertirse en una rama
de la grafología o «arte que pretende averiguar, por las
particularidades de la letra, algunas cualidades psicoló-
gicas del que las escribe». En la anterior definición,
que no nos pertenece, hemos subrayado de intento la
frase «particularidades de la letra», para destacar la naturaleza escrita de las manchas objeto de este estudio.
Porque, ¿qué cosa puede ser más lábil y sujeta a varian-
tes, artificios y francas falsificaciones, más o menos di-
simuladas, o bien simuladas, que la letra, que no es
función de la mano, al ser la escritura un aprendizaje
o arte, virtud e industria? Mientras que la mácula es,
por así decirlo, una escritura natural, cuyos símbolos
aún no hemos aprendido a descifrar aunque sí a anotar.
Diremos más, si esta parte de nuestra anatomía pudiera superponerse, como hacemos en nuestras blasfemias,
al Cristo, muchas de esas prendas que hemos mirado
de cerca con nuestra lupa ¡serían tomadas por verdaderos mantos de verónica! Esperemos que aparezca un
día no lejano el Champollion que descifre estas más que
roletas, piedras Rosetta de lino.

Ahora queremos solamente ofrecer la indistinta posibilidad de que se cree una rama de la policiología, afín
a los estudios dactilográficos, y juntar, modestamente,
nuestro nombre a los ya excelsos de Marcelo Malpighi,
W. J. Herschel, Galton, Sherlock Holmes y, *last but not
least,* nuestro Juan Vucetich, el inmortal originador de
la moderna dactiloscopía, y crear una que llamaremos
maculoscopía comparada, en su honor.

Hemos estudiado con suficiente profundidad nuestro
tema como para hacer la definitiva declaración de que,

como las huellas digitales, no hay dos máculas iguales. A veces, es posible decir que no hay *una* mácula idéntica, ya que lo que para ojos menos diestros aparece a simple vista como una sola mancha, son en realidad dos, izquierda y derecha. Es decir, ¡como si de la huella de un pulgar se obtuvieran las marcas dactilares de la mano izquierda y de la derecha! Hay, además, la conveniencia de que las huellas vienen ya impresas, por lo que no hay que usar molestas almohadillas ni tinta deleble para obtener las muestras a comparar. Si se obvia la diferencia de texturas entre el papel y la tela o si, por ley decreto, se obliga a todos los ciudadanos a llevar prenda interior de papel—que son mucho más cómodas e higiénicas al ser disponibles y de paso se garantiza la siempre azarosa posibilidad de un lavado—, no habrá ninguna diferencia a la hora de archivar la impronta maculada.

No pensamos referirnos aquí a los sistemas Henry y Bertillon, pero si alguien quiere hacer otro uso de nuestro sistema que no sea el meramente policiológico y extender el uso de las manchas, puede mejorar el test del suizo Rorschach y aprovechar nuestra clasificación de las máculas para la investigación psiquiátrica. Aunque se trata, como ya saben nuestros estudiosos, de un interés subalterno y hasta nos atreveríamos a decir que bastardo, que coloco en la misma categoría que la pintura llamada tachista.

No queremos terminar sin ofrecer una demostración práctica de nuestros sistemas de clasificación, que ilustraremos con el auxilio de diapositivas, hechas sin la intervención incómoda e interferente de la máquina de fotografiar, pues hubimos de utilizar prendas de nylon para obtenerlas. Deseamos brindar la facilidad de un A Modo de Glosario anotando, brevemente, los diseños básicos, que hemos dividido, siguiendo siempre al gran Vucetich, en cuatro tipos: (*a*) el *arco*; (*b*) la *presilla vuceticha,* que nosotros llamaremos *presión,* que puede ser de tipo *interno o externo*; y (*c*) el *verticilo,* que hemos cambiado por el más apropiado nombre de *vertículo.* Ex profeso hemos desechado la anotación Edgar Hoover por ser no sólo extraña a nuestra lengua, sino porque su *central pocket loop* se presta a chacotas desagradables al haber sido traducido en muchos países esta engorrofrase no en *presilla de bolsillo,* como cabe, sino en la más simple de *ojo.*

Hasta aquí nuestra charla propiamente.

Pasaremos enseguida a la demostración práctica, por lo que procederemos de inmediato a la recogida de muestras voluntarias.

Muchas gracias por su atención pasada y su futura cooperación en nuestro empeño. A aquellos que se han interesado en la materia, queremos anunciarles la próxima publicación de un fascículo que será sin duda insertado en las partes adendas de los Anales del presente currículo.

Buenas noches.

PELIGRO DE COLISIÓN DE LOS MUSEOS

A PIQUE DE PARECER Casandras en busca de una Guerra de Troya que sucederá ineluctable, queremos tratar una vez más un tema de palpitante actualidad: la colisión de museos en pleno vuelo creador.

Mucho se ha insistido desde nuestras columnas informativas, siempre al servicio de los intereses generales de la nación, sobre el creciente peligro de colisión entre museos. Tanto hemos publicado sobre el tema que hemos corrido, más de una vez, ese riesgo homicida periodístico—que se paga siempre con la pena capital del hastío lector—de «matar», como quien dice, una noticia por su constante repetición. Desgraciadamente, no es la primera vez que se producen escalofriantes casos de *near-misses* (que uno de nuestros cablistas incipientes bautizó—tan nuevo es el concepto—con el irrespetuoso término de *casi-vírgenes,* con la consiguiente protesta—justificada, por demás—de nuestra jerarquía eclesiástica, siempre vigilante en todo aquello que pueda manchar onerosamente la pureza del idioma castellano) o «casi-colisión» o «evitación-apenas», o como se pueda o quiera traducir este término novísimo que nos regala la museología, ciencia aún por explorar.

Pero sin tener que adentrarnos demasiado en la jungla de las etimologías, queremos llamar la atención de nuestros lectores y, en especial, a las autoridades competentes en la materia, sobre la repitición, sin duda peligrosa, de casos en que dos o más museos han estado a punto de chocar violentamente sobre un cuadro o una escultura determinada. (¡A veces dicho choque ha estado a punto de producirse por una tanagra más o menos!)

No hay que padecer un cerebro calenturiento o una desbocada imaginación para prever las trágicas consecuencias de catástrofe tan horrible como una colisión de dos (o más) museos en horas de visita, que es cuando más congestionados están. Malo sería una colisión nocturna, apenas justificada hoy día en que los principales museos de las naciones más civilizadas sin excepción cuentan todos—o casi todos, para no generalizar demasiado—con los mejores instrumentos de investigación y peritaje, equipados como están además con guardas nocturnos siempre alertos, sistemas electrónicos de alarma y, en el caso de los museos germanos, con Dobermann-Pinschers excelentemente entrenados para la detección de intrusos indeseables.

Pero una colisión diurna—poco antes del té de la tarde, por ejemplo, o del café de media mañana, en el caso de los museos meridionales—cobraría magnitudes de hecatombe. Es hora ya, señores, de que se tomen *todas* las medidas necesarias—caiga quien caiga, duélale a quien le duela y pésele a quien le pese—para evitar que una desgracia hecha por el hombre destruya una de las obras de creación—ese continente que es mucho mayor que la suma de su de-por-sí valioso contenido: al revés del rastro o «mercado de las pulgas», como se le llama vulgarmente—más luminosas de la historia de la humanidad.

No queremos dar fin a nuestro comentario de hoy sin ofrecer nuestra felicitación más álgida a todos aquellos—*marchands, dealers,* no por extranjeros menos merecedores, y a nuestros subastistas del patio—que con su actitud vigilante y su resonante voz cívica han evitado recientemente que dos de nuestros más prestigiosos museos napoleónicos chocaran no hace mucho sobre la misma obra de arte. ¡No siempre los peritos tienen por qué tener la última palabra!

OBRAS MAESTRAS DESCONOCIDAS

EL CONCERTO PARA EL PIE IZQUIERDO
DE RAVELLI
(*Morritz Ravelli's left foot piano concerto*)

FUE en el verano de 1907 o en el invierno de 1908, de todas maneras poco antes del asesinato de Sarajebo,[1] que el fallecido pero famoso compositor albano Morritz Ravelli encontró al legendario pianista manco Milo della Rabbia-Lupus en Mariemma, reponiéndose de unas fiebres palúdicas según las prescripciones de la medicina homeopática («Similia similibus curantur!»), tratamiento ordenado por el doctor Schweitzer-Lagerbeer, médico y amigo y, como se sabe, apasionado de la música para piano-forte, instrumento para el que compuso su famosa sonata *La Passionaria,* dedicada a Alma Mahler-Gropius-Werfel cuando ésta era todavía amante del ya senil pero potente intérprete de sus propias melodías magiares para dos pianos, Franz Lusky, el injustamente olvidado compositor de *Gitane* (en húngaro *Tzigany*) y el poema sinfónico *Caporal* (*Der Klein Kaporal*) dedicado a la memoria de Hitler antes de hacerse coronar Führer y que llevaba entonces la hoy notoria pero borrada inscripción italianizante *Per festeggiare il souve-*

---

1. Como se recordará, el asesinato del Grand Prix Sarajebo o Sarah-Jebó, Arquitrabe de Colonia, a orillas del lago Mareotis, desencadenó la Guerra de los Boxers.

nire d'un piccolo pittore. Paseando los dos músicos y amigos por las orillas del pántano toscano junto al mar Tirreno y al sur del río Cecina, región fértil y muy poblada en tiempos etruscos y drenada por canales subterráneos invisibles a simple vista, que fue abandonada totalmente durante la Edad Media debido a la malaria y a la conocida ignorancia medieval, mezcla de superstición y desconocimiento de la biología de la bacteria, hasta que, a comienzos del siglo romántico, fue reclamada con éxito por la ciencia hidráulica y grandes áreas de las marismas palúdicas han sido convertidas hoy día en terrenos baldíos (cf. T. S. Eliot, *The Waste Land*). No así en tiempos de nuestros héroes musicales, ya que, según recuerda Anaïs Nin (como se sabe, hija y hermana de los también compositores Nin y Nin-Culmell, respectivamente) en sus *Memorias técnicas,* Della Rabbia-Lupus confió a Ravelli, a la sazón fatigado del paseo de más de diez kilómetros que habían tomado esa tarde como *constitucional* (Della Rabbia-Lupus fue siempre, hasta el fin de sus extremidades, un apasionado de la cultura física tanto como de la espiritual), sobre el playazo («*sulla palude*»), su necesidad de regresar al piano y sentarse en la banqueta. «Tengo necesidad—dijo Della Rabbia-Lupus, con su dejo levemente rumano—de regresar al piano y sentarme en la banqueta!» «Lo comprendo—dijo Ravelli—, la música es un alimento espiritual.» «Sí, es cierto —confió Della Rabbia-Lupus—, pero es que también estoy algo cansado. No sé por qué.» «Lo comprendo —dijo comprensivo Ravelli—, la música es un alimento espiritual.» Della Rabbia-Lupus miró a Ravelli y le dijo, súbito: «Es curioso», y se detuvo. «¿Qué es?», preguntó Ravelli, curioso. «Esta sensación recurrente de *dejà-vu* que padezco. Me pareció haber oído esas mismas pabras que usted ha dicho anteriormente.» «Se trata entonces—dijo con sonrisa pedante Ravelli—de una sensación de *dejà-entendu*.» «Tiene usted razón, querido amigo», dijo Della Rabbia-Lupus, concediendo un punto, generoso como siempre. «Por otra parte—prosiguió Ravelli—, no me extraña que usted haya oído mis palabras antes: además de sinfonista sonado soy conversador citado. Tanto como Stravinski.» ¿Stravinski?, se preguntó Della Rabbia-Lupus, que se preciaba de tener tono perfecto, y ya en alta voz: «¿Stravinski? ¿Quién es Stravinski?». «Ah, mi amigo, ha sido usted ¡cogido! Stravinski es un compositor ruso que se hará notar dentro de muy poco tiempo. En 1913, para ser exactos, cuando componga su *Sacre du printemps*. ¿Qué le parece eso como tema para una sensación de *dejà-joué*, también conocido como *future composé*?» «¡Fantástico!», exclamó Della Rabbia-Lupus. «Si no me lo dijera usted, cher ami, no lo creería, aunque lo oyera con mis propios oídos. ¿Le Sacre du printemps, dice usted?» «Sí.» «¿*Amontillado*, dice usted? ¡Por el amor de Dios, Montresors! ¿Se da cuenta de lo que está usted diciendo?» «Claro que sí, aunque mi nombre no es Montresors, sino Ravelli.» «Tiene usted razón. Perdóneme, acabo de sufrir uno de mis frecuentes ataques de *dejà-écrit*. Como ve, soy un hombre muy enfermo.» «Ya lo veo. ¿Por qué no regresa usted a la sala de conciertos y se sienta al piano? Tiene usted todavía entre sus seguidores no pocos fanáticos y algunos escépticos, por no hablar de los gnósticos, secta que como se sabe...» «Me ha convencido usted, *caro amico*», dijo Della Rab-

bia-Lupus, interrumpiendo a Morritz Ravelli en francés.
«Volvamos.» «Volvamos, sí, ¡volvamos!»

Fue ya de regreso, recorriendo hacia atrás—proeza gimnástica de la que Della Rabbia-Lupus solía hacer exhibición cuando estaba entre amigos—el mismo camino, que Morritz Ravelli recibió la petición de su colega de que le compusiera un concierto para piano y orquesta con la mano (*sic*) derecha, ya que Della Rabbia-Lupus había perdido la mano izquierda a resultas de una discusión en una tertulia madrileña, en la que había sustituido esa tarde como hombre porfiado al dramaturgo Valle-Inclán, quien, cosa curiosa, perdería la mano izquierda también a resultas de otra discusión de tertulia de café más tarde. ¿O tal vez fuera esa misma tarde? [2]

Ravelli cumplió, como otras veces, su comisión con tal de cobrar su comisión, ambigüedad paronomástica a la que era adicto. Desgraciadamente, Della Rabbia-Lupus se negó a tocar el concierto una vez copiadas las partes, no porque objetara su dificultad, como se ha rumorado insistentemente, sino porque había perdido en El Interim [3] su mano derecha. Ravelli, ni corto ni perezoso—más bien largo y diligente, como era en la vida real—re-orquestó el concierto (no sin antes habérselo ofrecido en venta, sucesivamente, a Valle-Inclán, que no amaba la música: más bien la odiaba, y a Vincent van Gogh, que tenía peor oído que oreja) cam-

2. Datos tomados de *Piano y forte: Historia de la música para pianoforte en el siglo XVII,* por Adolfo Sol Azar, en diez tomos, tomos II y V, Ediciones La Tertulia, La Habana, 1939.
3. Sangrienta refriega cerca del café El Interim, no lejos de La Gazza Ladra, trattoria en A' Rabbia Pseudita, de donde es oriunda la familia del pianista.

biando las partes de piano de la mano derecha al pie izquierdo y viceversa. Volvió, pues, a Della Rabbia-Lupus, población no lejana al castillo del músico venezolano que lleva su nombre, Raynaldo Hahn Castillo, donde vivía Della Rabbia-Lupus a la sazón.

Pero volvió tarde. Della Rabbia-Lupus, amigo de más de una reyerta, había perdido primero una pierna en una taberna y después la otra en otra. Acosado por semejantes infortunios Bonanovas y no pocos acreedores, decidió terminar sus días acompañado por Toulouse-Lautrec, un enano de aldea de la aldea vecina que recibió este apodo por su asombrosa facilidad para imitar a Toulouse-Lautrec, por lo que su nombre debe ponerse entre comillas siempre para evitar falsificaciones.

Los días finales de Della Rabbia-Lupus están sumidos en la oscuridad, ya que dormía de día y salía de noche, a beber ajenjo, con su amigo «Toulouse-Lautrec», hasta que esta siniestra bebida alcohólica de color verde opalino fue prohibida por ley especial del parlamento rumano en 1937. Muchos de los que lo conocieron entonces dicen que Della Rabbia-Lupus había perdido algo de su fabulosa destreza sobre las teclas con la pérdida de sus manos y brazos y pies y piernas en sucesivas riñas de café, pero que nunca se dejó ganar por la envidia del piano, ya que hacia el final de su vida solía rodar, alegre, sobre las teclas negras, arrancando al noble instrumento de percusión por cuerdas los más exquisitos *glissandi*.

En cuanto al *Concerto para el pie izquierdo* en sí, hay que decir, no sin pena ni gloria, que Morritz Ravelli, en la avidez fiduciaria a que son tan adictos los hombres de su raza, lo devolvió a su forma primitiva de

155

simple concierto para la mano derecha. Luego, y ante sucesivos clientes, devino vulgar concierto para la mano izquierda y aun vulgarísimo concierto para las dos manos, cambiándole el hebreo Ravelli su título cada vez a conveniencia y habilidad del cliente, y hoy día no hay manera de distinguir este concierto para piano y orquesta de Ravelli de otras piezas musicales, a menos que se diga el título y el nombre del compositor. Así, el opus que fue creación única de Milo della Rabbia-Lupus ha pasado a formar parte del repertorio de las orquestas de concierto y de tantos ejecutantes adocenados que tocan el piano a dos manos.

La próxima semana:

LA MÚSICA DEL AGUA DE SELTZER
(*Gregorio Seltzer's water music*)

CENA Y ESCENA

DIÁLOGO PRESOCRÁTICO
EN UN ACTO Y TRES ESCENAS

Personajes:

TESIS, un sofista consumado.

DEMÓSTENES, orador griego.

ANTÍTESIS, esposa del primero, a quien contradice en todo. (Según las malas lenguas griegas, es amante de turno del segundo, un lujurioso.)

HIPÓTESIS, un efebo que pesa.

El acto transcurre durante el crepúsculo.
La acción, en la Escuela de Megara.

ACTO ÚNICO
Escena primera

TESIS, DEMÓSTENES y ANTÍTESIS

Al levantarse el telón, TESIS, DEMÓSTENES y ANTÍTESIS han acabado de cenar, en ese orden, opíparamente, y aún permanecen en actitud de *lestisternium,* tumbados en sendos triclinios. TESIS y DEMÓSTENES se recuestan, como es costumbre, sobre el lado izquierdo. Pero ANTÍTESIS, tal vez por contradecir a su marido antes del café, por padecer del páncreas o porque es reaccionaria, se inclina a la derecha.

Antes de que suba el telón del todo, DEMÓSTENES aprovecha para echarse un caramelo a la boca. TESIS, que además de sofista consumado es un armador acaudalado, fuma un cigarro importado, mientras sonríe complacido a su ANTÍTESIS, quien es evidente que no hizo la cena. Súbitamente, TESIS eructa y ANTÍTESIS respinga la nariz, en el bote de repente ofendida del hedor. DEMÓSTENES, que es sordo a causa del silencio del mar, sigue comiendo almendras confitadas como si nada, sin haber oído ni papa por su conocida incapacidad para oír los olores. O quizá sea bien educado. TESIS, para asegurarse, eructa de nuevo. Como es también tan bien educado, no se excusa después.

TESIS (*tal vez para cubrir sus eructos a* DEMÓSTENES):
La poesía homérica es una figura geométrica.
DEMÓS.: ¿Eh?
TESIS (*más alto*): Que la poesía homérica es una figura geométrica.
DEMÓS.: ¿Cómo dice?
TESIS: ¡LA POESÍA HOMÉRICA ES—
ANTÍT. (*desapacible*): ¡Por favor, no grites, que no soy sorda!
TESIS (*cont.*): —una figura geometruág! (*Eructa.*)
DEMÓS.: Todos los círculos son figuras geométricas.
TESIS (*escéptico*): ¡Puf, puf! (*Olvidando que su huésped es sordo, toma su respuesta por una boutade y se desinteresa del tema, ya que por no haber podido aprender francés todavía no sabe lo que es una boutade y cree que es una salida de tono. Ahora, para*

158

calmarse, prefiere chupar sibarítico su cigarro de marca, mientras eructa.)
DEMÓS. (quien sabe por su parte hacer un arte del obiter
dictum): La poesía homérica es un círculo de leyendas.
TESIS: ¡Puf, puf!

(Antes de proseguir, DEMÓSTENES se echa más
pirulíes a la boca. Al acercarnos, comprobamos,
empero, que no son caramelos confitados ¡sino
piedritas, guijarros, lo que se echa a la boca!)

DEMÓS. (revelador): Luego ¡la poesía homérica es una
figura geométrica!
TESIS (aparte): Ya eso lo dije yo antes. (Eructa, luego
a DEMÓSTENES): Lógica de Port-Royal, ¡puah! (Eruc-
ta.)
DEMÓS. (condescendiente): Quod erat demonstrandum.
TESIS (eructando): Qui nimium probat nihil probat!
(Probat.)
DEMÓS. (echándose un canto rodado a la boca): Qui-
quid de omnibus valet et caetera. (Se echa una roca en
la boca.)
TESIS: Et cacaetera! (Eructa.)

Escena segunda

Dichos y luego HIPÓTESIS

Mientras TESIS eructa latines y DEMÓSTENES se echa
cálculos en la boca hasta que le salen por los oídos—un

159

motivo más para ser sordo—ANTÍTESIS se pone la mano en la mejilla a lo Alfred Nobel, para indicar que está pensando.

ANTÍT. (*pensando*): ¿Cómo mejor dejar mi incubitatium sin caer en una aequivocatio o, lo que es peor, en una fallacia medii termini, que tan peligrosa es para las mujeres de mi edad?

> (*En ese preciso—o precioso—instante entra en escena* HIPÓTESIS. *Es muy joven, de formas gráciles—para los amantes platónicos de la esfera como forma— y enormemente gordo. Es evidente que padecerá lo que se conocerá en el Siglo Romántico* (XIX) *como Syndrome de Fröhlich* (pr. Fr.), *que no es más que una distrofia adiposogenital caracterizada por hipogonadismo y obesidad debidos a una perturbación hipotalámica más disturbación pituitárica en que la deficiencia gonadal es secundaria de la malfunción pituitaria. No obstante,* HIPÓTESIS *se desliza—más que deslizarse, rueda—gracioso y furtivo hasta el triclinio de* TESIS *para darle un beso en la boca—en la boca de* TESIS, *no la del triclinio, ya que hay que evitar anfibologías.*)

ANTÍT. (*boquiabierta*): Me quedo boquiabierta...

> (*Pero* DEMÓSTENES, *que no ha oído nada, se queda de piedra picada, echándose ídemes en la boca.*)

ANTÍT. (*pasando del alelamiento a la furia*): Aberratio
elenchi! ¡Observen a ese círculo vicioso! (*Hace una
escena.*)

(*Pero* HIPÓTESIS, *a quien va dirigida la indi-
recta, que es mudo además de perverso, y divertido en proporciones iguales—pervertido—, no
dice esta boca es mía* (*es un decir*) *y sigue besando
a* TESIS *con su puro en la boca, en la boca de*
TESIS, *pero éste, como Lezama, no puede dejar el
tabaco y no disfama una fuma fina ni por fea fe-
llatio femenina.* TESIS *devuelve el beso a* HIPÓTE-
SIS *con su Corona en la boca—una proeza ama-
toria.*)

DEMÓST. (*que no ha oído nada pero que lo ha visto
todo*): ¡Ajajá! (*Al público.*) ¡Ahora es mi momento
para integrar una mutatio elenchi! (*Cómplice.*) ¿No
creen?

CORO: Amabili e decenti genti
      Ha llegado ya el momenti
      De que nuestro héroe áqui
      Haga una mutatio elenchi.
      Modus ponens!
      Modus tollens!
      Modus tollens!
      Modus ponens!

(*En los modi tollentes* DEMÓSTENES *deja su
triclinio de un salto alto y, todavía con sus calculi
en la boca, se abalanza felino sobre la excitada*
ANTÍTESIS, *quien no puede (o no quiere) evitar*

161

*el asalto alto—y modi ponentes, ambos convier-
ten la incubitatio en una cohabitatio subrepta. Pero
antes de culminar el acto y consumar la escena—o
vicioversa—,* DEMÓSTENES, *a modo de introito, ex-
hala una estrofa griega a la que sus chinas pelonas
convierten en otros tantos latines—una proeza ora-
toria.*)

DEMÓST.: Nam pransus jaceo, et satur supinus
          Pertundo tunicamque palliumque!
ANTÍT. (*exhalando e inhalando*): Sic, sic, sic!

Estrofa, antistrofa

DEMÓST.: Nam pransus jaceo, et satur supinus.
ANTÍT.: Satur supinus!
DEMÓST.: Pertundo tunicamque palliumque!
ANTÍT.: Palliumque! Palliumque!

Telón MUY *rápido.*

FÁBULAS RASAS

EL RATÓN DE LA CIUDAD
Y EL RATÓN DEL CAMPO

DEBÍA SABER esta fábula pero no la sé. Sólo sé que se trata de un ratón de la ciudad y un ratón del campo y sospecho que el ratón del campo le hizo una visita al ratón de la ciudad, pero ni siquiera sé bien si la visita tuvo lugar en la ciudad o en los arrabales o en un lugar intermedio entre la ciudad y el campo, como esa parcelación que se anuncia tentadora en los periódicos y cuando alguien la visita con el agente vendedor suele exclamar: «¡Pero esto queda en pleno campo!». A lo que siempre sonríe el agente, conocedor, y como alguien que sabe muy bien lo que sabe señala a una recién erigida orden vertical de parada para el autobús urbano que no se ve por ninguna parte y dice: «¿En pleno campo? Pero, señor mío, ¿cuándo ha visto usted una parada para el autobús urbano recién erigida en el campo?». A lo que Señor Mío debe responder con el silencio. Así también debía haber respondido yo cuando me pidieron—no sé quién, no sé dónde, ni sé cómo—que contara la fábula de «El ratón del campo y el ratón de la ciudad». (Como se ve, ni siquiera sé bien el título de esta fábula.)

Moraleja: *Para contar una fábula, como cualquier cuento, es necesario saber bien cómo termina antes de empezar.*

EL NIÑO QUE GRITABA:
« ¡AHÍ VIENE EL LOBO! »

UN NIÑO gritaba siempre « ¡Ahí viene el lobo! ¡Ahí viene el lobo! » a su familia. Como vivían en la ciudad no debían temer al lobo, que no habita en climas tropicales. Asombrado por el a todas luces infundado temor al lobo, pregunté qué pasaba a un fugitivo retardado que apenas podía correr con sus muletas tullidas por el reúma. Sin dejar de mirar atrás y correr adelante, el inválido me explicó que el niño no gritaba ahí viene el lobo sino ahí viene Lobo, que era el dueño de la casa de inquilinato, quintopatio o conventillo donde vivían todos sin (poder o sin querer) pagar la renta. Los que huían no huían del lobo, sino del cobro—o más bien, huían del pago.

Moraleja: *El niño, de haber estado mejor educado, bien podía haber gritado «¡Ahí viene el Sr. Lobo!» y se habría ahorrado uno todas esas preguntas y respuestas y la fábula de paso.*

EL NIÑO QUE GRITABA:
« ¡AHÍ VIENE EL LOBO! »
JUNTO A UN BOSQUE DONDE
HABÍA, AL PARECER, LOBOS

Un niño gritaba siempre que veía a sus padres haciendo vino en una viña verde junto al bosque oscuro y cuando estaban más ocupados: « ¡Ahí viene el lobo! ¡Ahí viene el lobo! ». Los padres salieron corriendo las primeras veces. Otras, golpearon al niño cuando gritó ahí viene el lobo de nuevo. Finalmente, hastiados, cansados y dolidos por los puños, dejaron de hacerle caso al alarmista. Pero un día el niño gritó: « ¡Ahí viene el lobo! ¡Ahí viene el lobo! » una vez más (o más bien, dos veces más), y sus padres decidieron olvidarlo. Vino, sin embargo, el lobo y se comió al niño y se bebió el vino. Pero ahí no acaba todo, sino que vinieron otros dos lobos, tan hambrientos como el primero, que se comieron a los padres del niño a secas. Aquí sí se acaba todo, ya que se acabó el vino.

Moraleja: *No se debe confundir esta fábula con la anterior.*

LA TORTUGA Y LA LIEBRE

Esta fábula la han contado desde los sofistas hasta Samaniego, pasando por Lewis Carroll, Kafka y Lord Dunsany, quien lo hizo tan bien o mejor que sus predecesores. En su fábula irlandesa la tortuga tenaz gana como siempre a la indolente liebre. Pero durante la celebración del triunfo del quelonio sobre el roedor se declara un incendio voraz en el bosque y se decide, por consenso animal, enviar a buscar a los imprescindibles bomberos con el cuadrúpedo más veloz.

Como se puede leer arriba, no hay por qué contar de nuevo esta fábula.

Moraleja: *No intentes siquiera hacer lo que otros han hecho muy bien antes, a no ser que puedas hacerlo mejor que Lord Dunsany.*

LA CIGARRA Y LA HORMIGA

LA HORMIGA trabajaba como un elefante esperando el invierno, y como los elefantes no tienen por qué esperar el invierno, su trabajo (el de la hormiga) era perfectamente inútil.

La cigarra, llamada Josefina, era cantora, y perfeccionando sus cuerdas vocales no daba golpe en todo el santo día. Cantaba siempre, hasta los domingos, que cantaba en el coro, y como era limpia todos los días se daba una ducha. De noche no cantaba pero roncaba melodiosa (según ella misma) y melo odiosa (según su vecina, la hormiga).

Un día cantor cualquiera pasó un agente del imperialismo por frente a la casa y al oír a la cigarra decidió convertirse en agente artístico. Le ofreció un largo contrato a la cigarra, quien (para su mal) aceptó encantada. Del resto se encargó la cigarra, mientras el agente cobraba el diez por ciento.

Cuando llegó el invierno llegó para la cigarra la temporada de invierno, pero para la hormiga *Llegaron las lluvias*. Se le inundó a la pobre la despensa. Desesperada, fue a pedirle ayuda a la cigarra, que ya no vivía al lado sino en la mejor zona residencial de la ciudad. La cigarra, compadecida y vanidosa, nombró a su amiga la hormiga su agente de prensa exclusivo.

Hoy la hormiga todavía trabaja como un elefante, pero no tiene que esperar el invierno y como no espera no desespera. La cigarra sigue cantando, triunfadora en su arte pero desgraciada en amores, y se ha casado tres veces y divorciado seis. En cuanto al agente, sigue cobrando su diez por ciento, todavía por no hacer nada.

Moraleja: *El crimen no paga, pero el ocio da derecho a un diez por ciento. No siempre, por supuesto: a veces es un quince por ciento.*

LA ZORRA Y LAS UVAS

UNA ZORRA tenía hambre y, como era extrañamente ve-
getariana (no hay nada que no haga una zorra por estar
a la moda), le echó el ojo a unas uvas que estaban allí
cerca pero arriba. Saltó una y otra vez y otra y otra vez
más, sin alcanzarlas. Miró la zorra a las uvas por última
vez y al verlas bien (es asombroso lo bien que ve uno
las cosas cuando las mira por última vez) exclamó: «No
importa: no las quiero: están verdes».

Un cuervo que andaba por allí, de paso hacia otra
fábula, miró a la zorra, miró a las uvas y se dijo: «No
es extraño: esas uvas están verdes porque son uvas verdes». La zorra no respondió tal vez porque no había
oído, tal vez porque era orgullosa, pero seguramente
porque las zorras no pueden conversar con los cuervos.

Moraleja: *La zorra es un animal que no tiene don de
lenguas pero sí puede padecer de daltonismo.*

LA ZORRA Y EL CUERVO

Un cuervo vio a una zorra y se acercó a ella. Dio una vuelta a su alrededor, la miró intenso y dijo sugestivo: «Dígame, señorita, ¿es que nos hemos visto antes?». La zorra no respondió tal vez porque no era señorita. Pero el cuervo de intenso y sugestivo pasó a ser insistente. Volvió a dirigirse a la zorra: «¿No nos conocemos de ninguna parte?». Ella, una vez más, no respondió. Pero el cuervo no se dio por vencido: «Dime, nena, dónde. Que te conocí y te conozco». La zorra permaneció, sin embargo, inmutable. El cuervo insistió en su insistencia: «¿Tal vez Cairo? ¿Oxford 1959? ¿Beaujolais del mismo año?». La zorra se había ido, silenciosa, cuando el cuervo seguía todavía preguntándole a gritos DÓNDE DEMONIOS TE VI ANTES, MUÑECA ???

Moraleja: *Las fábulas son inútiles, ya que nadie aprende nada con ellas, como se ve en esta última fábula. Sólo una página más tarde un animal tan listo como el cuervo olvidó que las zorras no entienden una palabra de lo que dicen los cuervos.*

CUENTO CUBANO

UNA MUJER. Encinta. En un pueblo de campo. Grave enfermedad: tifus, tétanos, influenza, también llamada trancazo. Al borde de la tumba. Ruegos a Dios, a Jesús y a todos los santos. No hay cura. Promesa a una virgen propicia: si salvo, Santana, pondré tu nombre Ana a la criaturita que llevo en mis entrañas. Cura inmediata. Pero siete meses más tarde en vez de una niña nace un niño. Dilema. La madre decide cumplir su promesa, a toda costa. Sin embargo, para atenuar el golpe y evitar chacotas deciden todos tácitamente llamar al niño Anito.

INQUISICIÓN

¿CUÁL es la verdadera letra:

(*a*) la que aparece pintada sobre la tecla, horizontal;

(*b*) la letra invertida en la matriz;

(*c*) la letra impresa vertical con ayuda de la cinta, regenerándose positiva;

(*d*) la letra que copia el proceso de tecla, matriz y letra impresa en una publicación;

(*e*) o esa letra que repitiéndose ordenada forma poco a poco una palabra, una oración, una frase, un párrafo, una página, un escrito, un libro: la letra de la lectura?

¿Cuál es la letra, la de la escritura o la de la lectura? Y si hubiera una tercera letra por medio, invisible, ¿sería ésta *la* letra?

BUT—DID YOU EVER...?
NO!
(ONE SHOULD NEVER
TELL ONE'S WIFE
THE FACTS OF LIFE.)

EL NEURÓLOGO J. M. Charcot (1825-1893) registró el caso de un hombre que venía de una familia con locura hereditaria, quien tuvo su primera erección a la edad de cinco años cuando un miembro masculino de su familia de treinta años, en cuyo cuarto dormía, se puso su gorro nocturno. Se excitó también cuando, más tarde, una vieja criada se anudó los lazos de su gorro de dormir. Se casó a los veintiún años, pero no pudo consumar el matrimonio hasta que se imaginó que su joven esposa era una vieja que usaba gorro de dormir; dicho auxilio lo acompañó durante muchos años de su vida de casado, aunque no se lo dijo nunca a su esposa por considerar tal fantasía sexual degradante.

EPI TAFIO GRAFE

CREO que fue Kierkegaard quien negaba la existencia y aun la posibilidad de una literatura hecha por los niños. Pero dudo que alguien encuentre una mejor manera de llegar a la perfección súbita—la poesía inevitable que logra su idoneidad narrativa mediante una elipsis vertiginosa—que alcanzó sin esfuerzo aparente una niña habanera, al describir la muerte de un perro fiel a una amiga en el parque.

—Pobre Ready. Lo sacaron a la calle sin arreo.

¿Es necesario añadir que no había el menor patetismo en su voz blanca?

¿QUIÉN RECUERDA A MEDINACELI?

Subiendo la empinada carretera que es más bien una rampa deslumbrada por el ubicuo sol del mediodía en Castilla, dejando cuidadosamente a los lados las zanjas pajizas, los monjones oscilantes y unos pocos almendros fielmente reproducidos en polvo, y ya en el recodo donde la rampa se vuelve una cinta de plomada y mi carro es de veras un elevador, nos bloquea el ascenso un convertible contrario que más bien parece un lanchón de cabeza de playa al aparejarse a mi Fiat 600 y desembarcar el torso de un americano evidente, quien dispara su pregunta inevitable y sorprendente: ¿Es éhste ehl caminoh deh Medicinelli? Apenas nos recobramos para decirle que sí, que éste es el camino—aunque evitamos devolver su *instant Medicinelli* a un meramente histórico Medinaceli.

Llegamos a lo alto de la roca-fuerte, parqueamos bajo un castaño y junto a un muro al que el automóvil yuxtapuesto hace igualmente vertiginosos, recorremos el castillo medieval convertido por el tiempo en un aguafuerte de sí mismo mientras transformamos las almenas de inexpugnables atalayas en meros balcones al paisaje castellano, contemplamos a unos aldeanos trillando con una mula cuya obstinación se ha vuelto circular, atravesamos la aldea que es un apéndice del castillo o un accidente en la roca, nos refugiamos del sol y del polvo del tiempo en un parador donde almorzamos viendo a lo lejos y abajo un tren que Miriam mira, y finalmente regresamos al auto para descender al tránsito eterno de la carretera.

Pero ni Miriam Gómez ni yo volveremos a llamar jamás Medinaceli al bastión conquistado por innúmeros turistas desarmados, uno de los cuales lo bautizó para siempre con el hipocondríaco nombre de Medicinelli.

LAS MUY INQUISITIVAS AVENTURAS
DE DON ARCHIBALDO LYALL
POR LOS DUROS DOMINIOS DE CASTILLA
LA FONÉTICA

(fragmentos)

DISPENSAYMAY, kay ora ess? Moochass grahtheeahss. Ah kay ora saleh el bookeh pahra ——— oy? Ah kay ora lyayga el trayn a ——— manyahna?

. . . .

Estah dessockoopahdo esteh assee-ento? Keereh dahrrmeh lah leesta day lahss komeedahs, senyoreeta?

. . . .

Lah kwentah, kahmarairo, prawnto, por fahvor. Estah inklooeedo el sairveethyo?

. . . .

Bwaynohss deeahss, kwahnto vahleh esto? Ess daymahsseeahdo. Lo see-ento moocho. Ahdeeohss!

. . . .

Bwaynohss deeahss, por dondeh say vah ah lah Plahtha day lah Kahtaydrahl? Estah therrahda esta manyahna lah eeglayseea vee-ahya? Ah kay ora say ahbreh esta tharrdeh?

. . . .

COGITO INTERRUPTUS

(APOSIOPESIS)

LAS RELIGIONES, todas, hablan del alma inmortal, del más allá espiritual, de la subida al cielo o de la caída al infierno y de la ronda eterna de las almas en pena, pero es el espíritu que muere primero. El ánima: el alma: el ser: el élan vital, según Bergson, o el prajna, según Buda, muere antes que el cuerpo, que por lo menos queda ahí inerte/inerme pero no mucho más indefenso que en el sueño o en un desmayo o en estado de coma, y se va pudriendo la carne, sí, se la comen los gusanos, pero *lentamente,* y pueden pasar meses, años, siglos sin que el cuerpo se acabe si no interviene el fuego. Mientras que el espíritu se acaba así, ¡zas! , de pronto, como se apaga un bombillo que está encendido ahora, alumbrando intenso este minuto y al minuto, no: al segundo, al instante siguiente está apagado para siempre y como un bombillo yo estoy vivo y—*hey presto!*—me acabo, termino, finis, fuit! , me voy al car

META ^{FORAS}_{FÍSICAS}

LA TIRADA METAFÍSICA que encontrarán ustedes en la página que sigue está mejor expresada en un soneto cualquiera de Quevedo, en que la vida va cavando su monumento en el poeta, a expensas de su muerte—o de su propia vida. Es un sentimiento vulgar/quiero decir corriente quiero decir cotidiano/entre los poetas clásicos. Santa Teresa lo decía mejor cuando argüía que Dios estaba «hasta en los pucheros». Dios, es decir: la eternidad: es decir, la nada, que está hasta en la sopa.

QUE NOS ROBAN LOS OBJETOS

ES FASCINANTE ver cómo la vida nos va robando la
vida cada día. Fascinación es también la del pájaro que
mira inmóvil a su inminente culebra. Uno de los *vajos*
cotidianos de esa serpiente última son los objetos. Cojo
como ejemplo más a mano una pluma. No se me escapa
que el antojo es tan arbitrario como el amor. (Como no
olvido que en el fondo de toda posesión está el sexo.)
La pluma aparece por primera vez en una vidriera. La
miro: la veo. La compro o la pido para tenerla en la
mano. Luego la adquiero—momentáneamente o para
siempre, quién sabe. Lo cierto es que ya la tengo. ¿O es
ella quien me tiene? De la posesión paso al uso, del
uso al hábito, del hábito a otra forma del amor que es
gracia de la compañía: la convivencia. De aquí a la
necesidad no hay más que un paso. De la necesidad paso
al vicio, a la enfermedad, al frenesí patético. Mientras,
la pluma queda ahí: la consumirá tal vez el uso pero
no los sentimientos. Desapareceré, pero la pluma perma
necerá tan indiferente como el universo. Mi vida me
consume en mil pasiones inútiles y jamás correspondidas
por los objetos y por la misma vida, en ésta, en aquéllos
me gasto. Me consumo consumiendo, tanto como viviendo muero.

EJERCICIO

CONVIERTA el texto leído en poemas:
      (a)   en forma de soneto,
      (b)   en verso libre.

FASCINANTE ES SABER CÓMO LA VIDA...

FASCINANTE es saber cómo la vida
La vida nos va robando cada día:
Somos como esa embelesada avefría
Que espera al áspid para ser comida.

Como el aura letal de una serpiente
Son los objetos. Cojamos como ejemplo
Más a mano del poeta (o escribiente)
Una pluma. No se me escapa, contemplo

Por igual de intensos al fiel amor
Y al veleidoso antojo. ¡Tampoco olvido
Que de toda posesión—o antojo—por

Bajo corre el sexo como potro herido!
Tomo la pluma: ya es mi mano su nido—
¿O he sido *yo* a quien ella ha cogido?

MI VIDA ME HA ROBADO MI PLUMA

ES FASCINANTE ver
cómo la vida
nos va robando la vida
día por día.
¡Fascinación que es la del ave lira
que mira
inmóvil
a la culebra inminente que la devorará!
Vaho cotidiano de la Serpiente Fatal
son los objetos.
Cojamos como ejemplo
Más a mano
una pluma.
(Ya la tengo en la mano.)
No se me escapa que tan alevoso
como el amor es el antojo.
Como no olvido que en el
f
o
n
d
o de toda posesión aguarda el **sexo**:
celoso
goloso
ansioso.
La pluma, esta pluma:
sí, esta misma,

apareció por vez primera en un instante
(casi llego a escribir un estante).
Recuerdo que la miré y ahora
la miro de nuevo: la veo como entonces:
nos vimos finalmente:
ya nos vemos:
pronto estaremos
uno al lado del otro.
Luego la compro
o la pido para tenerla en mano.
La tengo momentáneamente
y de súbito la tengo para siempre.
Loco soy: ¡la he robado!
¿Pero qué importa el crimen
si he atrapado al verdadero culpable?
Presa la tengo—
¿o es ella quien a mí lleva preso?
Más tarde a solas
la poseo con pasión.
De mi pasión paso a su uso,
del uso al hábito,
del hábito a ese otro fruto
del amor que es usufructo de la compañía:
la convivencia.
Mucho tiempo la llevé junto
a mi corazón y ahora
simplemente la guardo en un bolsillo.
Pero de vivir con a convivir con la necesidad
no hay más
que
un
paso.

188

De allí
paso
al vicio, a la enfermedad
y al frenesí patético:
la pluma se niega a escribir
y yo escribir no puedo.
Desespero,
pero
pronto la tinta me saca de mi duelo
con su negra fluidez alegre, rauda
sobre la página en blanco que ahora leo.
Pasan las hojas y las horas,
los años pasan y entre ellos los días:
y por sobre todo—por debajo—
va la vida pasando día a día.
Mientras, la pluma queda atrás
como la noche: la consumirá
su uso pero no mi pasión:
ella se atrasa, se reserva
conservándose mientras
yo voy gastando en ella mi ardor y adelanto
cada día
un día más cerca de mi meta.
Desaparecerá su dueño un día,
pero ella, mi esclava que es mi ama: mi pluma
permanecerá indiferente a todo:
inclusive a ella misma: ésa es su eternidad.
Mi vida me consume en mil pasiones fútiles
nunca correspondidas
por esto y por aquello:
por uno y mil objetos
que no tienen objeto.

En ella, en *ellos*
me gasto, me consumo,
consumiendo me sumo mientras más me resto.

EJERCICIO

LEER un soneto de Quevedo
pensando que lo escribió con una
pluma de ganso.

EJERCICIO

LEER de nuevo el texto en prosa tratando de olvidar
los tres poemas leídos (incluso el de Quevedo).

EJERCICIO

COMPONER títulos de película con este tema.

Vidas robadas
Las cuatro plumas

EJERCICIO

ALTERAR el título con una coma y tal vez una inversión.

VIDA, róbame una pluma.

EJERCICIO

COMPONER cintillo de primera plana con estos elementos.

HOMBRE ROBADO POR PLUMA

EJERCICIO

Encontrar un anuncio ad hoc.

● He aquí una pluma de contorno ahusado y suave, y de funcionamiento perfecto...
¡la pluma más solicitada del mundo! Su plumilla tubular, originalísima, comienza a escribir al instante y con extraordinaria fluidez. La tapa encaja y cierra sin darle vueltas. ¡No deje de solicitarla hoy mismo!

«51»... ¡Escribe al instante—seca en el acto!

EJERCICIO

HAGA un collage con una frase relativa a su oficio o profesión conteniendo el concepto de pluma.

Modelo A

(Remitido por el señor V. v. Gogh y compuesto, según propia confesión, «después de haber terminado mi volumen de cartas a mi hermano y regresado a mi caballete».)

Te dejo, pluma, para ceñirte, espátula.

MODELO B

(Remitido por un escritor residente en Madrid, «muy dado a las discusiones de café en tono violento».)

Te dejo, pluma, para reñirte, ¡España!

Modelo C

(Remitido por alguien—¿lector, lectora?—que se califica de «felino frívolo».)

Te dejo, puma, para ceñirte, espín.

Modelo D

(Remitido por un lector anónimo que desea permanecer en él.)

Te dejo, ¡puta!, para venirte, espuela.

AVISO

Todas las colaboraciones son, por supuesto, bienvenidas. Naturalmente, se prefiere que éstas se acerquen más a los tres primeros modelos que al último. De más está decir que las ozcenidades no serán publicadas.

RECADO AL SR. GOGH

Encontramos sus dibujos muy interesantes, llenos de vida y demás. Ellos nos permitieron ver la justeza—y justicia—de su colaboración, que le agradecemos de todo corazón. En cuanto a la apreciación artística que nos solicitara, podemos decirle, sin calificarnos de expertos en la materia, que creemos que su sentido del color es un tanto exagerado; pero siempre dentro de las normas del buen gusto y jamás ofensivo. Debe, eso sí, hacer más firme su línea que tiende a la voluta, al arabesco y a una cierta influencia—¿morisca?—cargante y cargada. Lamentablemente, carecemos de espacio para publicar todos los dibujos que nos envían nuestros atentos lectores y lectoras. Será, amigo Gogh, en otra ocasión.

En cuanto al resto de sus opiniones—que estimamos en lo que valen—, por supuesto que no dudamos por un momento en la veracidad de todo lo que relata su larga carta, tan llena de amor filial, fraternal, humano en una palabra, por lo que no creemos necesario que nos envíe pruebas al efecto. No tiene usted que molestar a ese señor Gau Guin (ni mucho menos, por favor, a esas señoras benefactoras suyas) para que le devuelva su apéndice auricular. Deseche, se lo ruego, esos pensamientos negros y toda idea malsana y concéntrese en el aprendizaje de su *métier*. Un último consejo: cuide, sobre todo, su ortografía.

Otrosí: si no logra descollar un día en el dominio del dibujo comercial, profesión tan bien pagada, piense siempre que la pintura de «caballete» es un gran *hobby*. Recuerde a Churchill, Eisenhower y demás. Por otra parte no olvide a donde puede conducir una pasión desmedida por el óleo. ¡*Remember* Adolfo H! Así que, como dijo el sabio oriental Confucio, «Nada en demasía».

...variedades... 12 puntos reds...título en versalitas 20...lleva ilustración con foto de chica guapa con piernas...

LA CINTA *FORTY SECONDSTREET*

Acabamos de ver, en proyección privada, la cinta cinematográfica parlante de largo metraje intitulada *Forty Secondstreet*. Como en otras ocasiones, la proyección se hizo en el idioma de Shakespeare sin la intrusión de de esos molestos letreritos al pie del fotograma con que el común de los mortales deben de ver los filmes que nos llegan desde las capitales del cinema como: Hollywood, París, Londres, Alemania, etc. ¿Hasta cuándo tendrá que soportar nuestro público pagano semejantes arbitrariedades? Es hora ya de que las llamadas—con esa peculiaridad que tiene nuestro pueblo para poner nombre a todas las novedades—«películas sonoras» abandonen una práctica que pertenece al pasado, ¡a los conocidos filmes «silentes»!

En cuanto a la cinta que ocupa la atención de esta cronista, podemos decir que la encontramos muy movida, llena de música grata y de «bailables» fantasiosos, pero todo enmarcado por el buen gusto que caracteriza las producciones de los Hermanos Warner y del Teatro Payret, regenteado por nuestro dilecto amigo Hedelmiro Valcárcel. Es de notar en este filme la presencia de una actriz nueva y de encantadora presencia, a la que se ha bautizado, a la usanza de Hollywood, con un nuevo nombre de pila. Se llama, esta preciosa criatura, Warner Baxter. ~~¡Delicioso nombre! Abierto a todas las~~

209

~~seren~~ (Suponemos, y creo que suponemos bien, que este tan acertado pseudónimo para la pantalla haya sido seleccionado en honor de sus descubridores, los famosos hermanos Warner productores de los mejores ~~películas~~ filmes que asolan nuestras mejores pantallas en estos días.) Anoten ese nombre porque esa monada de chica, lo aseguramos, hará carrera. Nunca nos habíamos divertido tanto en la oscura sala de un cinematógrafo que con la presencia fulgurante de esta rutilante estrellita que interpreta el *role* de Forty Secondstreet, la anónima bailarina del campo que con la doble pluma de sus bien torneadas piernas en la ciudad escribe su nombre bien alto en las luces encandecentes de las candilejas y los anuncios lumínicos, triunfando ~~de la~~, como aquel que dice, de la noche a la mañana en el difícil arte de Terpsícore, y de tal manera rotunda que terminan, al final, por poner su mismo nombre, Forty Secondstreet, a la calle del teatro de sus triunfos.

Por ningún concepto deben nuestros lectores ~~deben~~ perderse esta maravillosa ~~chica~~ cinta con que inicia nuestro suntuoso teatro Payret su temporada veraniega de 1933, a partir del próximo mes de junio, con su sala-teatro remozada sin reparar en gastos, pero como siempre a los precios más módicos al alcance de los más eximios presupuestos y con ~~una~~ nueva ventilación, capaz no sólo de vencer nuestra canícula estival sino también el calor humano que se desprende de las piernas maravillosamente parlantes, aun en reposo, en el rarísimo reposo de esas piernas cuando sus tersas pantorrillas cruzadas muestran las preciosas rodillas, y por supuesto en los sugestivos movimientos danzarios de sus bailes ~~en su~~ cuando sus piernas hablan ~~en~~ ese Código Morse del tap dancin: todo eso y más, apretado en la tensa anatomía de Miss Baxter, la exquisita señorita Warner de los Hermanos ídem que encarna a la pizpireta y siempre alegre bailarina casquivana con el exótico nombre de Forty Secondstreet!

LUZ MIERES

recuadro... 10 pts curs...

A PARTIR del próximo mes de mayo, mes de las flores, «Luz Mieres», nuestra dilecta y culta colaboradora, partitirá de vacaciones en Biarritz y San Sebastián con la feliz autora de sus días. Ocupará su lugar en estas columnas de DEL HOGAR Y DE LA MODA la excelsa periodista y eximia poetisa, importada por esta su revista favorita del vecino país azteca, señora Rosario Sansores. ¡Bienvenida, doña Rosario! ¡Felices vacaciones en Europa y España, aventurera y audaz «Luz Mieres»!

LA REDACCIÓN

212

NATURELLEMENT À L'AUTEL

—Pero, Sarah, si te hubieran hecho la pregunta en otra parte. Digamos, en Suiza.

—Naturalmante, a lo Tell.

—Natürlich. ¿Y en los Madriles?

—Naturalmente, a lo tal-para-cual.

—Y si por teléfono, Sarah, ¿cómo habrías respondido?

—Naturellement. Allô?... Tel qu'elle...

—Perdóname, pero si por ejemplo tuvieras que escribir tu respuesta hoy en Francia, digamos, à la mode?

—Naturellement: a lo Tel Quel.

—Y si pudieras escoger un medio escénico actual, ¿a cuál irías con tu mot de qué hembrona?

—Naturalmente, ¡a la tele!

—Y si en vez de Sarah te llamaras Penélope Bernárdez, ¿a qué te dedicarías?

—Naturalmente, a la tela.

—Pero habrías tenido más de un turgente pretendido o túrgido pretendiente entonces. ¡Entonces?

—Natural. Mente: a la tala, a la tala!

— ¡Ah Sarah, geva, me excitas! ¿Regresamos?

—Naturellement, à l'hôtel.

—Sarah, ¡eres de veras divina!

—Naturellement!

POTATO HEAD BLOWS

LICHTENBERG combatía la soledad con una vela, al encenderla, pero luego *blow* cuando la vela estaba apagada, ¿cómo combatía la nada de la vela? ¿Con el recuerdo de su compañía? ¿Ha tratado usted de encender una vela en el recuerdo? Esa forma de nostalgia no es más que el dolor del regreso, del recuerdo, una forma de la lástima. Prefiero la agnostalgia. La vela no es una vela en la oscuridad. Esta vela puedo apagarla *blow* ahora y luego encenderla con un fósforo, pero la vela del recuerdo ¿con qué fuego prometido puedo restituirla? Mientras haya velas habrá nostalgia, ya que el recuerdo durará lo que dure la vela, pero el recuerdo de la vela del recuerdo ¿qué dura? ¿Dura la vela o dura el recuerdo? Dura, vela, que el recuerdo vela mientras la razón duerme. Mas ¿de qué sirven los sueños de la razón ante una vela que duerme? Te dejo, vela del recuerdo, para encender otra vela. ¿Será esta vela igual que la otra vela, la del recuerdo? ¿Cómo sé que una vela es otra vela? Todas las velas son la misma vela. *Blow*.

OCURRIÓ EN LA CIUDAD DE AL-KHAMUZ

En Orán, frente a la bahía que era un caldero árabe desde el mediodía, mirando por evitar su reverbero (o tal vez por no tener nada mejor que hacer) cómo los automóviles, idénticos, entraban y salían del túnel al final de la Avenue Medina, me dijo ella en su voz argentina después de un silencio

que hasta ese momento creí significativo a causa de unas lágrimas y un coitus entre eructos:

—¿Te das cuenta de que todo nos ha ocurrido en la ciudad de Khámuz?

—¿Se llama así en árabe?

Me miró con impaciencia más que con sus ojos hebreos.

—No, che, de *Álbert* Kámus!

Pudo más la pedantería que el amor.

—Ah, Camus.

—¡Sí, sí!

Hubo otro silencio que enseguida se colmó de ruido de motores, de brisa del mar y de melismas borboteando de un radio invisible.

—¡La ciudad del extranjero y de la peste y de la nada! La ciudad de

La abandoné a su molólogo exterior de literatura y beatería y nostalgia por persona interpuesta, por poder, y me puse a mirar al sol musulmán/mediterráneo/tórrido o como se llame esa fuente de fuego de las cuatro de la tarde en Argelia, cerrando los ojos y viendo rojo, que es la mejor manera de ver la vida cuando.

COMIENDO CON UNA ILSE KOCH
DE LAS AVES DE CORRAL

M QUE me invita a comer en su casa, que ella hará la comida. Entre la «esperanza y el miedo» (cf. Suetonio, *Los doce césares*) acepto. En la cocina soleada, a media mañana, ella, más que bella ahora, comienza a desollar un pollo no con técnica pero sí con desespero, bajo mi mirada, más que supervisora, curiosa. Al final me muestra el pellejo claro contra la ventana y a través de la carne de gallina del pollo veo la luz del domingo *couleur d'ambre*. Luego sonríe ella y momentánea se adorna la mano con la piel. Le digo: «Eres la Ilse Koch de las aves de corral». No comprende, pero sonríe encantadora. Miro al ave desollada, con melancolía. Nada, que tendré que comer su arroz con pollo después de todo acaso.

MARXISMAS

MARX AND ANGELS

La señora posiblemente acababa de salir de la peluquería: uno nunca sabe con ella. Aunque bien mirada parecía que no había estado nunca en una peluquería. Si se la conocía, se veía que siempre parecía que no acababa de salir de la peluquería. Aun cuando acabara de salir. O de entrar.

La señora tal vez acababa de salir de la peluquería. Nunca se supo. Lo único que se sabe es que miró al escritor y al poeta y con el mismo gesto de ensartarse una mecha rubia a su cabeza para decirles histórica con una entonación inocente pero culpable y tal vez todavía inocente, en falsete:

—¡Lo que es la ignorancia! Hasta hace muy poco yo creía que Marx y Engels eran una sola persona. Ustedes saben, como Ortega y Gasset.

EJERCICIO

MIRAR con un ojo un retrato de Marx, con el otro el
de Engels, mientras se piensa en Eng y Chang.

MARX AND ANGLES

LA SEÑORA puso sus ojos czarcos por delante, se ensartó una mecha ortiz a los rublos de su cabeza y exclamó:

— ¡Lo que es la anagnórisis! Hasta hace muy poco yo creía que Ortega y Gasset era una sola persona. Ustedes saben, como Eng y Chang, los hermanos siameses.

MARX UND ENGELBILD

—Yo creía hasta hace poco que Eng y Chang eran una sola persona. Ustedes saben, como Ramón y Cajal.

MARX UND ENGELMACHERIN

—¿USTEDES no saben que Marx & Engels eran una sola mujer barbuda de un circo?

ANTE LA DAMA BARBADA

La pobre hermafrodita que no tiene Salmacia posible ni museo belga, ella, la del circo Ambulatoris, es una mujer gorda, vieja, que se levanta con tristeza la falda y de entre los grandes labios sin sonrisa saca un pene pequeño, fláccido, esmirriado. Elso Mieres le dice en su inglés (ella es americana) que se lave las manos. Ella dice dos o tres malas palabras y muestra un pomo con alcohol. « ¡Cochina! », le grita Elso todavía en inglés, al irnos. «¿No le da vergüenza?» La mujer abandona su estrado espectacular para correr detrás de nosotros, las enaguas y el puño al aire.

OTRA DAMA BARBUDA

Como no tenía empleo fijo, la Saignora (pronúnciese señora), al ver venir la menopausita que refresca del invierno de la vida, decidió subir a la montaña rusa y fue primero a Suiza por una cura de repaso. De alguna manera, las inyecciones la llenaron de inyectivas y de una hirsutez ersatz, por lo que decidió dejarse la barba. Ahora trabaja en un circo. Es la mujer barbuda (de Barbados), pero también toca la trompeta, recita poemas y de vez en cuando le entra a trompadas—con la trompeta de Falopio—a su amante por una cabeza, por una botella a las diez a eme y dice malas palabras. Varias veces ha intentado el acto del trapecio y de la cuerda floja o tight rope, pero todos piensan que sería difícil hacerla ingrávida de Jantzen, con lo de las trusas (que ella insiste en llamar porte-maillot) y el cuidado que pone en cada uno de sus gestos públicos.

NECKED EYE

HAY QUE tener ojos de vidrio para no reírse al ver una corbata.

MELVILLEANO TEMOR A LAS BALLENAS

¡LAS BALLENAS me aterran!

Esos huesitos que debe uno insertarse a escondidas en los más íntimos orificios de la vestimenta como supositorios sartoriales parecen actuar contra natura cuanto más imitan a la naturaleza haciendo una prenda vertebrada. O al revés, otorgando a una camisa blanca su elegancia que mata, armando un corset victoriano o un cinturón actual para rondar siempre los istmos del cuerpo —el cuello, la cintura.

Recuerdo la noche en que la ballena colateral izquierda se me partió con un chasquido de fractura de fémur junto a la yugular y al oído siniestros—para echarme a perder una cena y el paseo digestivo que iniciaba. Había venido subrepticiamente de fábrica dentro de la camisa y al oírla quebrarse inesperada sentí una punzada por localizar. Cuando finalmente di con la causa del lúgubre trac me fue imposible extraer los huesecillos partidos por más que traté mientras manejaba el carro, poniendo en peligro mi vida y, lo que era más importante esa noche, la preciosa carga blanca que llevaba conmigo. Al volver a casa, rasgué mi cuello violentamente con unas tijeras y vi, entre la sangre imaginada, caer al suelo las dos medias ballenas, pavorosas en su estéril blancura.

ABZURDO DE UZAR ZAPATOZ

Mírese los pies. ¿Qué ve? Si está usted vestido, es casi seguro que no vea sus pies, sino una costra de cuero—negro, marrón, amarillo, blanco o de dos tonos con huequitos—que los cubre de los tobillos a la punta de los dedos. Al frente, sobre el empeine, la coraza tiene una doble hilera de agujeros unidos por un tramo de cuerda ensartada, que pasa en cruceta por entre estos ojos de buey ciegos. Debajo de esta trama inestable (los extremos de cada cuerda parecen ser alternativamente muy cortos o demasiado largos) aparece una cuchara blanda en forma de signo de admiración incompleto, sacando eterna su lengua de cuero crítico al lazo más o menos artístico con que invariablemente se completa el trenzado. (En ocasiones la trenza es sustituida por una lengua de piel desmesurada o por una tira de cuero y una hebilla que parecen un cinturón decapitado, y, como ciertas alimañas a las que se parece, espera uno ver crecer al gusano de cuero una nueva cola, otra cabeza.) Por debajo de la cubierta acorazada corre una línea de flotación o de frote: es una base de cuero aún más duro que termina en un contén casi siempre saliente. Hacia el extremo posterior de dicha base se levanta una plataforma invertida y corta, formada por varias capas de cuero petrificado. Este estrado aspira siempre a la condición de madera y muchas veces es de veras un taco de tabla. Base y coraza están unidas por una sinuosa fila india de puntos acerados, a veces cubiertos por una pudorosa película. (En las mujeres el absurdo de estas prendas ha sido, como otras veces, asumido: entonces adquieren las más inesperadas formas y terminan, en ocasiones, como interrogaciones últimas—o primeras.) Tales carapachos hay que tener cuidado de levantarlos siempre al caminar, ya que son muy delicados, amenazados como están por toda clase de accidentes y plagados por una vida corta: los acaba tanto el uso como el desuso. Comienza entonces la muda de pieles y de pies y, como era de esperar, sus sucesores producen siempre el incómodo de las amistades nuevas. En tiempos remotos nuestros pies debieron cometer un pecado original (que nuestras manos ignoran) y caer muy bajos para merecer la condena de estos cepos que una memoria perdida hace creer voluntarios. Hay sin embargo reos contentos que se felicitan al creer a la naturaleza sabia: ella se cuidó de formar nuestros pies de manera que pudieran cargar con facilidad, como perlas preciosas, la externa ostra irritante del calzado.

SUICIDIO DE LOS HELECHOS

NUESTRO HELECHO rebozaba verdor por todas sus hojas y parecía querer quedarse entre nosotros por mucho tiempo. Pero salimos a la calle y cuando volvimos había desaparecido. Buscamos por todas partes y solamente encontramos una hoja de adiós, no lejos de una malanga vecina. Su sustituto desapareció de noche y al amanecer no aparecía por ninguna parte. Fue cuando el tercer helecho decidió dejarnos para siempre que supe a dónde van los helechos cuando mueren. Estaba, como los otros, en el poyo de la ventana de mi estudio, convenientemente atado a la falleba cuando acerté a mirar en su dirección. Con estos ojos que buscan ahora las teclas apropiadas que golpearán a veces erróneos mis dedos, vi la cuerda roja hacerse floja, deslizarse libre del tiesto y finalmente abandonar cómplice el abrazo seguro que hasta hace poco le ofrecía. El helecho se arrastró con aire inocente hasta el borde del quicio, unos cuantos centímetros hacia el abismo, pareció dudar un momento, miró en mi dirección y, antes de que pudiera salir yo de mi estupor y extender mi mano en su auxilio, se lanzó de cabeza al vacío. Grité, mi mujer corrió hasta mí, ansiosa, mientras yo trataba de hablar, abriendo la boca sin emitir más que un sonido horrorizado y horrible. Finalmente pude exclamar: «¡El helecho, el helecho! ¡Se acaba de tirar de la ventana!».

Cuando nos repusimos, conseguimos levantar la hoja de guillotina de la ventana inglesa y mirar hacia el jardín del sótano, varios metros más abajo. Allá en el fondo, entre la yerba crecida del césped, salvaje en su abandono, vimos los *tres* helechos. Dos estaban muertos hace tiempo, esqueletos vegetales en sus sarcófagos de barro cocido, casi hechos polvo en el polvo de su tierra de cultivo. El tercer helecho se retorció en agonía unos momentos, sus múltiples hojas agitadas al viento unos segundos. Luego entró en coma, fue sacudido por algunos estertores reflejos y finalmente murió. Nos sobrecogió un miedo herbal.

Intentamos dar toda clase de explicaciones a esta estúpida muerte voluntaria. Cuando se nos acabaron, buscamos otras. La *Encyclopaedia Britannica,* los libros de jardinería y un manual victoriano sobre plantas cultivables en el clima doméstico europeo nada decían que pudiera explicar el suicidio de nuestros helechos.

Pero ahora, hace poco, buscando una palabra que, como siempre, olvidé antes de encontrarla, al paso de mi vista por el *Oxford Dictionary of English Ethymology* tropiezo con la palabra *fern,* helecho en inglés. Entre las etimologías posibles—Olde English, holandés medieval, bajo alemán—hay una constante sin embargo: todas apuntan al vuelo: ala, pluma, hoja. Y una duda me asalta, ¿será el helecho una encarnación vegetal, enraizada de Ícaro?

DECADENCIA DE UNA NATURALEZA SALVAJE

En 1872 un enumerador relató su odisea censual al atravesar los 130 kilómetros cortos de la Ciénaga de Zapata en tres meses, luego de dormir la mayor parte del tiempo sobre los árboles, vadear infinitos pantanos en bongos finitos y matar de propia mano unos quinientos peligrosos caimanes.

En 1960 una carretera lleva de Aguada de Pasajeros a la Laguna del Tesoro en menos de media hora, y el único caimán visible estaba encerrado en un corral bajo de madera cabe «amplia zona de parqueo». Cuando lo vi dormitaba entre cajetillas de cigarrillos vacías, cáscaras de naranjas arrugadas, dos o tres monedas de a centavo, y junto a un letrero que apenas le protegía el morro del sol insolente. Decía el letrero: «Por favor—No tiren piedras al cocodrilo».

DE LA CABEZA DE ORFEO
A LA QUIJADA DE UN BURRO

ME GUSTA cómo algunos mitos, ciertas metáforas—y los mitos son a veces metáforas repetidas hasta la religión—reaparecen lejos de su sitio. La cabeza cantora (una verdadera soprano calva al correr del tiempo) de Orfeo habitó la cueva donde se originaron los misterios órficos, cantando profecías en lo oscuro. Otras comunidades mágicas (en Borneo, los cazadores de cabezas) usan la testa del enemigo decapitado como pitonisa y como amuleto. Es posible que una de estas sociedades secretas se estableciera entre los esclavos de Cuba. Las leyes de la civilización transformaron la cabeza humana en un cráneo animal. Esta calavera órfica cantaba en los ritos mágicos. De aquí pasó a su contrapartida, los bailes públicos: no es la primera vez que los instrumentos de la música cubana nacen de un ritual: véanse los orígenes de los bongós, de la tumbadora, de las maracas. Ahora encontramos a la metáfora de la cabeza del Poeta cantando agüeros percutivos en las charangas populares y hasta en la orquesta europea. Se llama *quijada* y está hecha con la calavera de un burro. El sonido perdió sus connotaciones mágicas o macabras y se ha hecho abstracto: es música. Orfeo el cantor remontó el río de origen.*

* Como todos los fanáticos del cine, quiero parecer versado en mitología. Aquí me refiero al viaje de la cabeza de Orfeo. Cortada por las Ménades y arrojada al río Hebro, viajó al mar y hasta una caverna en Lesbos, donde se instaló al tiempo que instauraba el culto órfico.

FANTASMAS DE SU SIGLO

EDMUND WILSON no parece quejarse de nuestra escasa literatura con fantasmas, pero lo consigna. Dice que la explicación está en la luz eléctrica, que nuestros abuelos veían fantasmas confundidos por las sombras de las luces de vela, quinqué o gas. Se ve bien que Wilson no ha sentido nunca miedo a las doce del día el 15 de agosto de 1953. Es probable que en su vida Wilson tenga oportunidad de sentir miedo a las doce del día 15 de agosto de 1953, pero de tenerla sabría que puede haber fantasmas bajo cualquier luz, mismo las de tungsteno. Es más, hay fantasmas bajo las luces Kleig, capaces de alumbrar mil candelas. Cada luz, por supuesto.

Además, nuestros fantasmas son otros.

La verdadera literatura de terror del siglo XX no está en los cuentos con fantasmas, sino en los testimonios políticos. Pero, si lo que se quiere son cuentos de aparecidos, ahí está la ciencia-ficción.

Dice o creo que dice Thomas Mann que es un pobre destino quedar reducido toda la eternidad a repetir un gesto fantasmal: la sombra que pasea por la explanada, la mujer de blanco que abre una puerta y sonríe, el elemental que apenas se manifiesta contra un muro. Pero, ¿no es peor ser condenado a la nada?

Entre ser un fantasma local y ser nada siempre escogería ser un fantasma. Es mejor ser que ser nada.

Experiencia más que experimento hecha con Natalio Galán: un corcho, una aguja y una estrellita de papel.

Se hace una veleta y se cubre todo con un vaso que hará el uso de campana pneumática. (Me acuerdo del pajarito muerto y la vela.) Se coloca todo sobre un plano a nivel, sólido. Pensar en silencio durante un rato y concentrarse hasta hacer mover la estrellita con la fuerza del pensamiento: psicokinesis. Pasamos dos, tres horas pujando mentalmente y nada. A las dos de la mañana nos dimos por vencidos y nos fuimos a dormir.

Natalio me asegura que la construcción se ha movido otras veces, en Nueva York, en Camagüey. Quizá La Habana queda en el medio.

A las cuatro de la mañana me despierto de golpe, con la certeza de una presencia extraña en la casa y un zumbido como el de un lejano ventilador en alguna parte. Enciendo la luz y voy al estudio. Enciendo la luz del estudio y miro a la mesa donde está la veleta parapsíquica. Tampoco se mueve ahora. La presencia extraña se manifiesta, sin embargo. Es M o N (no recuerdo) que viene a verme. El zumbido despertador es el timbre sofocado por la puerta de la cocina que quedó cerrada. Enciendo la luz y abro la puerta de la calle y M o N, o tal vez verdaderamente M (no recuerdo), aparece en el marco como un retrato no oval pero sí maestro de la belleza. Tal parece que habla. Habla: «Vengo de un baile y quería verte», dice ella. Pasa. Hacemos café. Le cuento la experiencia. Viene y me besa en la boca mientras bebe un sorbo de café (todavía no me explico cómo pudo hacerlo) y se echa hacia atrás para mirarme y sonreír con ternura. «Mira que eres bobo», me dice. «¿Tú crees en esas cosas?» «¿En qué cosas?», digo. «En los fantasmas y eso.» Digo que no bostezando. «Pues yo sí», dice ella, y desaparece.

Antes de que empiece a buscarla, la encuentro: había ido al cuarto. Lo que confirma que no se pueden cerrar los ojos ni para bostezar. Estaba desnuda, pero no estaba en el cuarto: no se puede acertar siempre. Sentada en la silla, en mi silla de trabajo, miraba fijamente un punto. Iba a pedirle que viniera al cuarto, cuando vi la giralda dando vueltas, como un anemógrafo de vientos metafísicos. Levanto los ojos y ella miró a los míos, asombrados. «¡Vaya!», me dijo. «¿Qué te parece? La fuerza de las mujeres.» Me acordé de un dicho campesino: *Más jala una crica que un par de bueyes*. «Sí», le dije.

Recogió su ropa de encima de la cama y la acomodó en el closet. Apagué la luz y comenzó a amanecer y la vi surgir desde un borrón lívido hasta hacerse una forma rosada, rosa, roja, y luego larga y lenta y lúcida y después blanca blanca y finalmente volvió en ondas cada vez más amplias a ser una nebulosa que colmaba el cuarto, que es como decir el mundo que es como el cosmos.

La veleta debía dar vueltas y vueltas y vueltas, mientras ella y yo nos hundíamos por una rampa espiral sin centro.

238

MOBY PIG

«En Viernes veinte é ocho de Noviembre deste dicho año [1449], el Príncipe salió de Toledo para ir á monte á la dehesa de Requena, que es de los monjes de las Huelgas de Burgos, para matar un gran puerco que le dixeron que estaba en la dicha dehesa; é mandó venir de Ocaña y de Yepes y de aquella comarca más de mil personas para que cercasen el monte. E como el Príncipe entró en la dehesa y el puerco se vido cercado, tiró al río de Tajo, que estaba cerca de la dehesa, y pasólo á nado, de tal manera, que no osó ninguno de pié ni de caballo que lo pudiese estorbar de pasar el río: é por haber placer estuvo el Príncipe andando á monte por aquella dehesa quatro días.»

(Crónica de los Reyes de Castilla,
la del rey don Juan II.)

¿Queremos el antecedente total? Que el jabalí sea blanco, que el Príncipe sea herido en una pierna por uno de los venenosos, malvados colmillos, que pierda la pierna, que organice una partida y otra y otra, en una persecución obsesiva, que la persecución sea dominada, como el jíbaro, por el mal, que estalle una revuelta entre los miembros de la partida, que el Príncipe, ya loco, fije un doblón (español) en el mástil de su pendón, que insulte al sol, que blasfeme, que use un carruaje para perseguir al puerco, que lo llame *Pequod.*

PRIMERA CRÓNICA DE LA TIERRA NATAL

«YA DIJE como yo había andado ciento siete leguas por la costa de la mar, por la derecha línea de occidente a oriente, por la isla Juana; según el cual camino puedo decir que esta isla es mucho mayor que Inglaterra y que Escocia juntas: porque allende destas ciento siete leguas me quedan, de la parte de poniente, dos provincias que yo no he andado, la una de las cuales llaman Auau, adonde nace la gente con cola [...]»

(*Carta de Cristóbal Colón al rey Fernando.*)

Después de los puntos hay una llamada y una nota del comentador: «19. Colón no ha visto la gente con cola, sino que da crédito a lo que dicen los indios». ¿Qué sabe el hombre de tierra de lo que sabe el viajero?

LA OBRA MAESTRA ILEGIBLE

Lo QUE tomó a Quevedo toda una literatura (y aún más: la vida), le bastó y sobró a otro Francisco, Rabelais, con dos libros. A Joyce le hizo falta todavía uno y medio. Les ganará quien lo haga en uno solo. Irá más lejos que todos, que nadie, el que lo haga con menos, con medio libro, con un cuarto—con nada. Será otro Sócrates y será más, porque contendrá a Sócrates. Este libro invisible, supremo, está por hacer y su autor tendrá que nacer de la hecatombe. Será un (ilegible) o no será.

SÍNDROME DE TRONKA

CIEN AÑOS antes de que la medicina psicosomática
estableciera un origen mental para muchas patologías
cutáneas, Heinrich von Kleist hace que el infame caballero Wetzel von Tronka termine su fuga cobarde y culpable, apenas curado de una peligrosa infección «que se
le manifiesta en un pie». El foco microbiano aparece en
la piel clara, sana del señor feudal después que Michael
Kolhaas se hace un forajido, empujado por la noble fe-
lonía que significa tantas cosas en (y fuera de) ese librito
inmortal. Esta afección súbita debía llamarse en toda
justicia Síndrome de Tronka y nunca erisipela.

DIOS Y EL DIABLO

HABLANDO del trágico von Kleist: ahora que Gagarin regresa del viaje a la maravilla a través del espejo cósmico (no como un poeta sino como un aprendiz de brujo técnico) diciendo que trae pruebas científicas de que Dios no existe, sería útil recordar las palabras del suicida romántico. Dicen:

> Tenemos muchos escritos en estilo sarcástico que rechazan la idea de que Dios existe. Pero, que yo sepa, nadie ha refutado de manera concluyente la existencia del diablo.

UN RECUERDO DE LESLIE

HACE ya cinco años que se mató Leslie Fajardo: sus cuentos escasos, olvidados, pudieron parecer falsos un día, pero su muerte les dio una autenticidad espantosa. Preferiría que esas páginas quedaran como una señal confusa de la angustia adolescente y que Leslie estuviera vivo. Sin embargo, no puedo dejar de ver su vida como un triunfo, aunque su muerte fuera el último testimonio del fracaso, una derrota: pocos escritores cubanos (y no hay dudas de que Leslie Fajardo era un escritor: su suicidio a los dieciocho años le impidió ser cualquier otra cosa y lo único que hoy queda de él son esos cuentos y unos pocos recuerdos) han mostrado o demostrado ser más auténticos. Ante sus relatos y el acto final que los convirtiera en señales/etapas de un destino, todo lo otro que han escrito en Cuba que se le parece (los cuentos de Virgilio Piñera, algunas notas de Antón Arrufat, narraciones de Calvert Casey * y «Abril es el mes más cruel» y otras cosas que quiero olvidar o que no recuerdo) son meros juegos de palabras, literatura: vanidades.

Leslie transformó su *Angst* del hombre colocado en esa *no man's land* entre la infancia y la virilidad, la adolescencia, en una forma cubana de la angustia de los

---

* Por supuesto, estas palabras tal vez imprudentes están escritas muchos años antes que el suicidio de Calvert Casey en Roma en 1969. Aunque las causas del suicidio del pobre Calvert son otras diferentes que las de Leslie Fajardo.

tiempos (que Kierkegaard la nombrara y que pueda presentirse ya en Catulo o en Dante demuestra que es humana: es decir, de todos los tiempos). Que haya realizado esta tarea—bien sé que para él no fue una tarea, pero el trabajo es un acto objetivo—de un solo golpe, habla mucho y bien de su memoria. Es triste que este golpe fuera un golpe de pistola, un disparo. Digo que es penoso, porque Leslie sólo pudo demostrar la veracidad de su angustia de vivir con su muerte. Recuerdo, casi a propósito, unas palabras de Nivaria Tejera, cuando la visité en su casa un día, recién casada con Fayad Jamis. No estaba y la esperé un rato a que llegara del psiquiatra. Al regreso la encontré mal, parecía enferma. Se lo dije. «Sí», me dijo. « ¡Estoy enferma! Muy enferma. Pero nadie, ni Fayad ni el psiquiatra quieren crerlo. Tendré que demostrarlo. La única manera de hacerlo es muriéndome.»

Leslie nos recordó a todos que estaba vivo, que sufría—no vivía—su vida, que agonizaba, al morirse. Trató de decirlo de otra forma: escribiendo, por ejemplo, pero no hubo nadie que quisiera creerlo: estamos tan acostumbrados a saber que la literatura es un juego que no creemos nunca que pueda ser un juego mortal. De ahí mi rabia (sabia, gentilmente oculta por las buenas maneras) cuando Labrador Ruiz, al leer la nota con que presentaba yo contrito sus cuentos en *Carteles* y en *Ciclón,* me preguntó con una curiosidad malsana si Leslie era «homosexual». Una bonita ligereza de un escritor que quiere que se le crea profundo.

Pero creo, con todo, que a nuestra literatura le hacen falta unos cuantos suicidas, tanto como le hacen falta escritores. No creo que jamás tengamos escritores de verdad verdad porque no nos sobran los suicidas—aun los suicidas fallidos.

Tengo que admitir que no conocí nunca a Leslie Fajardo, que fue compañero de mi hermano en la escuela de periodismo. Escribió dos o tres cuentos extraños, casi fantásticos, tal vez influido por Kafka. Algunos hacían pensar, como opinó alguien hace algún tiempo, en «un Swedenborg ateo». Sé, sí, que escribió mucho antes de matarse, pero nunca apareció nada de lo escrito: en 1961 aproveché un viaje que hice con Juan Goytisolo por la provincia del Pinar del Río para visitar a Guane, pero no pude encontrar la casa de los padres de Leslie. Los cuentos de Leslie que leí los trajo Sabá, mi hermano, un día de abril de 1957. Intentamos conocernos. Primero mi trabajo, y luego las vacaciones de la escuela, lo impidieron. Leslie se fue con sus padres a Guane, a pasar el verano. No llegó a terminar su verano dieciocho con vida. Una noche de agosto subió a su cuarto y estuvo leyendo hasta tarde, luego se pegó un tiro con el revólver de reglamento de su padre, que era policía. Por la mañana lo encontraron muerto entre sus libros, la sangre manchando unas cuartillas blancas. La luz estaba encendida. No dejó nada escrito que explicara su acto—salvo sus cuentos. Cosa curiosa, Leslie Fajardo, a pesar de sus cuentos, era un gran admirador de Hemingway y de la vida deportiva y de la acción. Recuerdo que, cuando leí sus cuentos y al saberlo, esto me pareció una incongruencia.

A menudo pienso que si hubiera conocido a Leslie, no se habría suicidado. El hecho de que yo demorara el encuentro, a pesar de su insistencia y de la impresión favorable que me produjeron las narraciones, siempre

246

me ha mortificado. M. dice que esto no es más que otra forma de mi complejo de culpa: Leslie Fajardo hubiera terminado suicidándose, siempre. Ella, que sabe de suicidios, debe saber mejor que yo, estar más en lo cierto que mis dudas.

PARÉNTESIS COMO FOSAS ANSIOSAS

COMO UN OBSESO busco en los diccionarios las fechas de nacimiento y muerte de escritores famosos y a veces saco varias veces la cuenta de los años que vivieron.

Christopher Marlowe (1564-1593), Sa'di (1194-1282), Chéjov (1860-1904), Mark Twain (1835-1910), Gertrude Stein (1874-1946).

Con los clásicos de la antigüedad, la operación es más difícil: una resta que es una suma. Horacio (65-8 a. C.), Catulo (84-54 a. C.), Petronio, de quien se sabe solamente la fecha de la muerte (66 d. C.), me lleva a pensar en el doble paréntesis que es como el borde de una fosa y en la primera cifra que espera, golosa, la llegada cierta de la fecha final y en el guión que es un trampolín, la barra de la muerte: Raymond Chandler (1888-   ), Ernest Hemingway (1898-   ), Cyril Connolly (1903-   ), Pablo Neruda (1904-   ), Vladimir Nabókov (1899-   ). En algunos, esa boca voraz abierta entre la raya de la muerte y el paréntesis de cada vida, parece esperar inútilmente. Somerset Maugham (1873   ), E. M. Forster (1879-   ), T. S. Eliot (1888-   ), donde la inmortalidad se conforma en ceder su puesto a «esa forma actual de la posteridad, la traducción», mientras espera.

LA LETRA MUERTA

SE TRATA de la única letra española de nuestro alfabeto. El sonido existe en otras lenguas, pero la grafía es totalmente española. Quizá sea la única letra inventada en los idiomas romances desde la invención de la imprenta. La cedilla o *c* con cedilla es originaria del Medioevo, provenzal probablemente. Las letras deformadas por las lenguas germánicas no son verdaderas letras, y la *w,* que parece una excepción, es importada del alfabeto rúnico. Esta letra original, sin embargo, no tiene más que 44 palabras que comiencen con ella en el diccionario de la lengua que la creó—incluyendo a la propia letra como palabra. Cosa curiosa, la mitad de estas palabras son de origen americano: si Juan Manuel hubiera podido ojear un diccionario que no existía entonces, habría encontrado no más de veinte palabras con ella, tal vez no habría encontrado la letra como. ¿Qué quiero demostrar? Que esta letra sin la que España no sería España (sería todavía Hispania o Ispanya o cuando más Espana) es, como las cosas óptimas y escasas, preciosa, como la piedra esmeralda, como

SABIDURÍA DEL JUDÍO APASIONADO

HACER pasar por salomónicas sus tiradas a esa Dama
Oscura de los Cantares: ladino yavehísta: elohimista
priápico, gonim con satiriasis: feliz autor de la Pasión
Según Don Juan: y, ay, culpable de la trampa erótica
en que cayera extasiado nuestro San Juan de la Cruz·
¡Salve!

ARBITRARIEDAD DE LOS SIGNOS
(O PASANDO POR ENCIMA DE LOS PUNTOS)

SEA DADO un texto. Séanos dada su composición, o su *lectura*. Su ordenación vendría dada en ambos casos, es decir: tanto en la lectura como en la escritura... por la disposición de las palabras, —y de los signos. *Pero* si se introdujera: moderadamente primero, una arbitrariedad—cualquiera, ciertos cambios y alteraciones; tan sutiles que el lector no las distinguiera de consuno: —que *resul*taran como una infiltración como el solapado, y, sin embargo, continuo/familiar/invisible trajinar de las bacterias. Podría, asimismo—introducirse erratas, (o más bien errores...). Slips que debie/ran tanto a Freud ante como a Mergenthaler; ; durante. ¡Ciertas: in*dudad*bles por determinadas—antes alteraciones que permitieran al lector" discurrir por sobre, tras, sin los instantes desmesurados—*entre* paréntesis—; en aquel/las señaladas instancias cómo cuándo aún la misma puntuación condujera=así como de la mano aquí dibujar una manita indicadora)))) en que *estás & no otra arbitrariedad,,, aún* el mismo arbitraje, al, escribir + el arbitrismo lector!!!!!! indujeran no a error sino a/o la presencia de tales, así infiltrados; de consuno; ; para que al detectarlas en la fiebre de la lectura?fuera ya demasiado tarde para controlar esa incursión extraña: : que desde la invasión* invención de la imprenta nos condena a la lectura aun pasando por encima de manchitas, cagadas de mosca,,,,,, y-o pasando por encima de los puntos sus... pensivos de esta suerte////////////////////////

PHRASE PHAMOSA

No HAY frase famosa, ni última ni primera, que me levante el ánimo tanto como aquella en que puedo ver una *y* entre dos comas, así: pieles y pies, y, como era de esperar, así:

> ,y,
> *Soy feliz, soy feliz,*
> *soy feliz,*
> *cuando veo unas comas*
> *y una y!*

CINCO POEMAS NO ESCRITOS

THE COUNTESS CATHLEEN WAS THE NAME
I GAVE IT

WEARY with all his poppies gathered round him
The hounds wail for the dead.

With a twinkling of ancient hands.
IN THE SEVEN WOODS
      1904
The second: 'I have thought again:
The first thin crescent is wheeled round once more.
That converse bone to bone?
Because of the great gloom that is in my mind.
Hidden from eyesight to the unnoticed end.
The Heavens in my womb.
God be with the times when I
On my cold breast?
What calculation, number, measurement, replied?
The Countess Cathleen was the name I gave it;
That much is certain. I shall find the woman,
For that she promised, and for that refused.

CAUSER OF SPEED
COME UNTO THESE YELLOW SANDS!

MY FLOCKS breed not,
My ewes feed not,
My rams amiss not.
     All is speed:
Love's speed,
Faith's speed,
Heart's speed,
     Causer of speed.

A cup of wine that's brisk and fine:
An old hare hoar, and an old hare hoar:
And let the canakin clink, clink:
And will he not come again?
Art thou god to sheperd turn'd?
Be merry, be merry, my wife has all!
Blow, blow, thou winter wind:
But shall I go mourn for that, my dear?

Come away, come away, death
Come, thou monarch of the vine
Come away, come away, death
Come, thou monarch of the vine
Come away, come away, death
Come, thou monarch of the vine
Come unto these yellow sands!

MA MA MARINE
(LE POÈTE EST BÈGUE)

LES CHARS d'argent et de cuivre,—
Les proues d'acier et d'argent,—
Battent l'écume,—
Soulèvent les souches des ronces.
Les courants de la la la lande,
Et les ornières immenses du reflux,
Filent circulairement vers l'est,
Vers les piliers de la forêt,—
Vers les futs de la jetée,,,
Dont l'angle est heurtée par des tourbillons de lumière.

MAMA RINE
(LE POÈTE EST MATERNEL)

LES CHARS d'argent et de cuivre,—
Les proues d'acier et d'argent,—
Battent l'écume,—
Soulèvent les souches des ronces.
Les courants de la lande,
Et les ornières immenses du reflux,
Fils circulairement vers l'est,
Vers les piliers de la forêt,—
Vers les futs de la jetée,
Dont l'angle est heurtée par des tourbillons de lui mère.

257

MA MARINE
(LE POÈTE EST POSSESSIF)

MES CHARS d'argent et de cuivre,—
Mes proues d'acier et d'argent,—
Battent m'écume,—
Soulevent mes souches de mes ronces.
Mes courants de ma mande,
Et mes ornières immenses de mon reflux,
Filent circulairement vers mon est,
Vers mes piliers de ma forêt,
Vers mes futs de ma jetée,
Dont mon angle est heurté par mes tourbillons de ma
lumière.

SAFILIPENSIS

De veras, quisiera estar muerta!
Ella, al dejarme,
vertió muchas lágrimas
Y decíame esto:

«Por lo demás, hermanos, gozaos en el Señor. A mí no me es molesto el escribiros las mismas cosas, y para vosotros es seguro. Guardaos de los perros, guardaos de los malos obreros, guardaos de los mutiladores del cuerpo. Porque nosotros somos la circuncisión, los que en espíritu servimos a Dios y nos glorificamos en Cristo Jesús, no teniendo confianza en la carne.»

Ay, qué pena tan grande!

«Aunque yo tengo también de qué confiar *decíame esto*: en la carne. Si alguno piensa que tiene de qué confiar en la carne, yo más: *Safo, créeme, dejarte me pesa.*»

Y yo, contestando, le dije:

«Circuncidado del octavo día, del linaje de Israel, de la tribu de Benjamín, hebreo de hebreos; en cuanto a la ley, fariseo»:

Ve en paz y recuérdame

pues sabes el ansia en cuanto a celo, perseguidor de la iglesia; en cuanto a la justicia que es la ley, irreprensible, *con que te he mimado. Y, por si no, quiero recordarte...* Pero cuantas cosas eran para mí ganancia, las he estimado como pérdidas por amor de Cristo (*cuánto gozamos*) y, ciertamente, aún estimo todas las cosas como pérdida *a mi lado, muchas coronas* por la excelencia del conocimiento *de violetas y rosas también* (de Cristo Jesús), *te ceñiste el cuerpo,* mi señor, *y en torno de tu suave cuello,* por amor del cual he perdido todo, *muchas guirnaldas entretejidas* y lo tengo por basura *que hicimos con...* para ganar a Cristo, *flores,* y ser hallado en él, y *con un perfume,* no teniendo mi propia justicia, que es por ley *precioso y propio de una reina,* sino lo que es por la fe de Cristo *frotabas* la justicia que es el cuerpo de Dios por la fe»;

MA POE

1

El aspirar del aire
El aspirar del canto
El aspirar el soto
El aspirar en la noche
El aspirar con llama que consume y no da pena
Filomena.

2

Que nadie,
Aminadab!
Y el cerco
Y la caballería
A vista de las aguas descendía.

3

Gocémonos, Amado
Y luego a las subidas
Allí me mostrarías
El aspirar del aire
Que nadie lo miraba.

4

Gocémonos, Amado II
Entremos más adentro en la espesura
Y luego a las subidas
Y allí nos entraremos
Allí me mostrarías
Aquello
Y luego me darías
Aquello.

5

Amado:
Hermosura
Collado
Agua pura
Espesura
Subidas
Iremos
Escondidas
Entraremos
Gustaremos
Mostrarías
Pretendida
Darías
¡Mía!
Otro día
Aire
Filomena
Donaire

Serena
Y no da pena
Miraba
Parecía
Sosegaba
Caballería
Descendía.

6

¿A dónde te escondiste
Pastores, los que fuerdes
Buscando mis amores
¡Oh bosques y espesuras
Mil gracias derramando
¡Ay, quién podrá sanarme!
Acaba de entregarte ya de vero
Y todos cuantos vagan
Mas, ¿cómo perseveras?
¿Por qué, pues has llagado
Apaga mis enojos
Y véanle mis ojos?
¡Oh, cristalina fuente
Apártalos, amado,
que voy de vuelo!

7

Vuélvete, ciervo
que el otero vulnerado

por él paloma y fresco asoma
al aire de tu vuelo asoma.

8

Amado,
Valles solitarios
Ínsulas extrañas
Ríos sonorosos,
Silbo de los aires
Noche sosegada
Par de los levantes
Música callada,
Soledad sonora,
Cena que recrea
Lecho florido
Cueva de leones
Púrpura tendido,
Paz edificado
de mil escudos de oro coronado!

9

A
Las
Al
Al...
Emisiones!
En
De

Por?
Ya!
Y
Allí,
Allí…
Y?
Y yo!
A mí?
Mi
Y?
Ya!
Ni…
Qué?
Pues,
De,
Diréis
Qué?
Mirástele
Y?
Y…
Cuándo?
Tú
Por
Y…?
No.
Qué?
Ya,
Después.
Qué?
Cogednos.
Qué?
En…

Hacemos…
Y…
Deténte!
Ven
Aspira
Y corren
Y pacerá
Entrando
En…
Y?
El
Sobre.
Debajo.
Allí.
Allí?
Allí!
Y…?
Dónde?
A
Leones,
Montes,
Aguas
Y miedos
Por…
Y…?
Qué!
Y no!
Porque
Mi amado las montañas
Mi amado las montañas
Mi amado las montañas
Mi amado las montañas

266

Mi amado las montañas
Mi amado las montañas
Mi amado las montañas
Mi amado las montañas
Mi amado las montañas
Mi amado las montañas, , , , , , , , , , , , , , , , , , , ,

CARMEN FIGURANTA

CANTO PISANO

e

r

r

o

t

POSIBLES RIESGOS DEL HELIO

o
o

gl b s

PORNOGRAFÍA

V de vagina

UNA CARA QUE ES TODA

ojo

REGLAS DE HIGIENE

mano
ano
no

REDUCCIÓN

nalgas
algas
gas
as

META^{MORFOSIS}_{FÓRICA}

Un Oficio del Siglo xx
Un Ofidio el Siglo
Un Odio Fiel
Sigilo del Ocio
Silencio
Cine
xx

METATEMA

Ovidio:
Odio vi.

METAFRASE

Ars Amandi
Ars Adami
Ars da mani

VERSOS COMUNICANTES

Justa, Job.
Just a job.
Ay, allá hay mango!
Ay, all a hay-man, go!
Eleven quince piés!
Eleven quince pies.
Sin once alas
Sin once, alas!
No sale
No sale

MOSCACADÉMICA

;

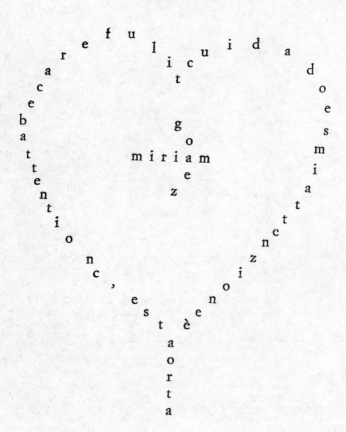

280

POEMA SEMIÓTICO

Punto (.)
Coma (,)
punto-y-coma (;)
Dos puntos (:)
Puntos suspensivos (... o .....)
Acento agudo (´)
Diéresis o crema (··)
Apóstrofo (')
Comillas o comas altas (" ")
Signos de interrogación (¿ ?)
Signos de admiración (¡ !)
Paréntesis (())
Llaves ([])
Pleca o signo dialogante (—)
Guión de separar o de unir (-)
Asterisco (*)
Barra pisana (/)[1]
Etcétera (&)

1. También llamada de soslayo o vírgula.

POEMA LÉSBICO

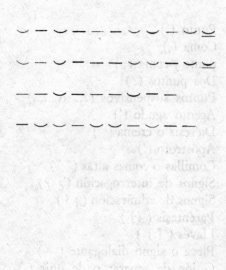

POEMAO

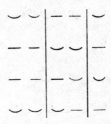

IL PLEUT

⌣ ' ⌣ ' ⌣ ' ⌣ '
⌣ ' ⌣ ' ⌣ ' ⌣ '
' ⌣ ⌣ ' ⌣ ' ⌣ '
⌣ ' ⌣ ⌣ ' ⌣ '

SEXTINA

In memoriam Arnaut Daniel

Stz.						
1	A	B	C	D	E	F
2	F	A	E	B	D	C
3	C	F	D	A	B	E
4	E	C	B	F	A	D
5	D	E	A	C	F	B
6	B	D	F	E	C	A
Envoy	B	D	F or	A	C	E.

LA PIRÁMIDE DE FREYTAG

Cleop. I'm dying, Egypt, *dying!*

Ah, que tú escapes… Daos preso!!!

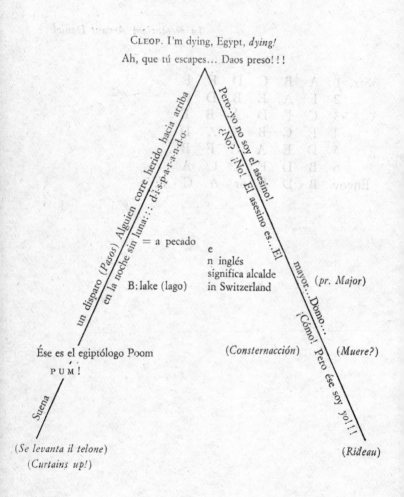

un disparo (Pasos) Alguien corre herido hacia arriba
en la noche sin luna:·:· d-i-s-p-a-r-a-n-d-o·

Pero·-yo no soy el asesino!
¿No? ¡No! El asesino es…El

= a pecado

e
n inglés
significa alcalde
in Switzerland

B: lake (lago)

mayor·…Domo…

(pr. *Major*)

Ése es el egiptólogo Poom
P U M !

(Consternacción)

(Muere?)

¡Cómo! Pero ése soy yo!!!

Suena

(Se levanta il telone)
(Curtains up!)

(Rideau)

FOUR-LETTER
WORD-SQUARE

```
P   E   N   A

E   N   E   S

N   E   N   A

A   S   A   S
```

S V A S T I KA

L   H E I L

I   I

E   T

H I T   L E R

    L   R

    E   I

CHI E R   CH

LA VUELTA AL MUNDO EN SIETE DÍAS

domingo
lun mar mier juev
montag ahad senin terca
dimecres mandag dijous selasa
segunda donnesrtag sabato dagons
onsdag dimercredi mittwoch lauantai
quarta feira kamis rabu veneris dies
maanantai zondag perjantai keskiviikko
fredag diumenge samedi dies dominica rabu
divendres dilluns torstag sunnuntai torsdag
jovis dies quinta feira sabtu torstai venerdi
joi sexta sambata lundi mercuri zaterdag
sonnabend woensdag wednesday luni sroda saturday
subota sreda pyátnitsa patek utery kedd vesarnap
puhapaev reede sestdiena hetfo csutortok szombat
lunes domingo domenica dimanco merkredo vendredo
dheftaira carsamba el talat el sabt cuma jaudo
trity savvato e shtunde e premte persembe sali
el arba e hane e merkurre kiriaky pitmdiena
hetfo szombat laupaev antradienis pirmdiena
tiistai pazar ertesi chetvurtak ponedeljak
voskresienie czwartek pirmadienis mardo
el gom'a e dielle el hadd e marte petak
pondeli otvrtek wtorek lørdag tisdag
maandag donderdag marti lunedi
giovedi vineri dimanche
jueves mercoledi
domingo

REICHVOLUCIÓN

Sɪᴇɢ-Hᴇɪʟ!   Sɪᴇɢ-Hᴇɪʟ!
Sieh Geil!   Sieh Geil!
Sieg Feil!   Sieg Feil!
Fieg Seil!   Fieg Seil!
Fie eil!   Fie eil!
Fie el!   Fie el!
Fi el!   Fi el!
Fiel!   Fiel!
Fidel!   Fidel!
Fi del!   Fi del!
Fɪ-ᴅᴇʟ!   Fɪ-ᴅᴇʟ!

L A I S L A

marmarmarmarmarmarmarmarmarmarmarmarmarmarmarmarmarmarmarmarmarmarmarmarmarmarmarmarmarmar
marmarmarmarmarmarmarmarmarmarmarmarmarmarmarmarmarmarmarmarmarmarmarmarmarmarmarmarmarmar
marmarmarmarmarmarmarmarmarmarmarmarmarmarmarmarmarmarmarmarmarmarmarmarmarmarmarmarmarmar
marmarmarmarmarmarmarmarmarmarmarmarmarmarmarmarmarmarmarmarmarmarmarmarmarmarmarmarmarmar
marmarmarmarmarmarmar narmarmarmarmarmarmarmarmarmarmarmarmarmarmarmarmarmarmarmar
marmarmarmar marmarmarmarmarmarmarmarmarmarmarmarmarmarmarmarmar
marmarmar armar marmarmarmarmarmarmarmarmarmarmarmarmarmarmarmar
marmarm marmarm marmarmarmarmarmarmarmarmarmarmarmarmarmar
marmar armarmarmarmarmarmarmar marmarmarmarmarmarmarmarmarmarmar
mar marmarmarmarmarmarmarmarmarmar marmarmarmarmarmarmarmarmarmar
marmarmarmarmarmarmarmarmarmarmarmarmarmarmarmar rmarmarmarmarmarmarmarmar
marmarmarmarmarmarmarmarmarmarmarmarmarmarmarmarmar marmarmarmarmarmarmarmar
marmarmarmarmarmarmarmarmarmarmarmarmarmarmarmarmarm marmarmarmarmar
marmarmarmarmarmarmarmarmarmarmarmarmarmarmarmarmarmar rmarmarmarmar
marmarmarmarmarmarmarmarmarmarmarmarmarmarmarmarmarmarmarma armarmar
marmarmarmarmarmarmarmarmarmarmarmarmarmarmarmarmarmarmarmarm marmar
marmarmarmarmarmarmarmarmarmarmarmarmarmarmarmarmarmarmarmar armarmar
marmarmarmarmarmarmarmarmarmarmarmarmarmarmarmarmarmarmarmarmarmarmarmarmarmarmarmarmarmar
marmarmarmarmarmarmarmarmarmarmarmarmarmarmarmarmarmarmarmarmarmarmarmarmarmarmarmarmarmar
marmarmarmarmarmarmarmarmarmarmarmarmarmarmarmarmarmarmarmarmarmarmarmarmarmarmarmarmarmar
marmarmarmarmarmarmarmarmarmarmarmarmarmarmarmarmarmarmarmarmarmarmarmarmarmarmarmarmarmar
marmarmarmarmarmarmarmarmarmarmarmarmarmarmarmarmarmarmarmarmarmarmarmarmarmarmarmarmarmar
marmarmarmarmarmarmarmarmarmarmarmarmarmarmarmarmarmarmarmarmarmarmarmarmarmarmarmarmarmar

EPILOGOLIPO

Desee Dios que lo que de monótono tiene este pot-
pourri *(que el tiempo recogió, no yo, y que incluye* en-
xiemplos *pretéritos que no quiero corregir, porque los
escribí con otro concepto de lo poético) se muestre menos evidente que el disímil origen geopolítico o histórico
de mis motivos. De los muchos libros con que se hicieron mis impresores, ninguno, creo, es mío propio como
este colecticio y en desorden digesto de diversos ejem-
plos, y esto es como es porque insiste preciso en innúmeros reflejos y en entreveros. Poco me ocurrió y mucho he leído. Mejor dicho: pocos sucesos me ocurrieron
menos dignos de olvido que el discurrir de ese filósofo
teutón que fue enemigo perverso del sexo femenino o
el son verborreico de los ingleses.*

*Un hombre se propone el empeño de escribir el mun-
do. En el discurrir del tiempo construye un volumen
con trozos de pueblos, de reinos, de montes, de puer-
tos, de buques, de islotes, de peces, de cubiles, de instrumentos, de soles, de equinos y de gentes. Poco tiempo previo del morir, descubre que ese minucioso enredo
de surcos en dos dimensiones compone el dibujo de su
rostro.*

Londres, 22 de julio, en el comienzo
del séptimo decenio del siglo veinte.

ÍNDICE

EL PUN D'ONOR

MINOTAUROMAQUIA

META FORAS FÍSICAS

CINCO POEMAS NO ESCRITOS

CARMEN FIGURANTA

Impreso en el mes de marzo de 1976
en I. G. Seix y Barral Hnos., S. A.
Avda. J. Antonio, 134-138
Esplugues de Llobregat
(Barcelona)